AF542858

Yth
23811

FRANÇOIS DE GUISE

DRAME EN TROIS ACTES ET EN VERS

ÉMILE COLIN — IMPRIMERIE DE LAGNY

FRANÇOIS DE GUISE

DRAME EN TROIS ACTES ET EN VERS

PAR

LE P. A. DE GABRIAC S. J.

PARIS
RETAUX-BRAY, LIBRAIRE-ÉDITEUR
82, RUE BONAPARTE, 82

PERSONNAGES

CHARLES IX, roi de France.
François, duc de GUISE, lieutenant-général.
HENRI, prince de Joinville, son fils.
Louis I, prince de CONDÉ, chef des Calvinistes.
Anne de MONTMORENCY, connétable.
Michel de l'HOPITAL, chancelier.
DANDELOT (François de Coligny)
Odet de CHATILLON (frère du précédent).
TAVANNES (Gaspart de Saulx), général.
AMYOT, ancien précepteur de Charles IX, abbé de Bellozannes.
Théodore de BÈZE, ministre protestant.
ROSTAING, capitaine des gardes.
POLTROT DE MÉRÉ, gentilhomme Angoumois.
Un assassin.
Trois ministres protestants.
Soldats catholiques.
Soldats huguenots.
Peuple d'Orléans.

(La scène est au camp près d'Orléans, dans la ville, et au château de Corney.)

FRANÇOIS DE GUISE

ACTE PREMIER

Le théâtre représente la tente du duc de Guise. Dans le fond, Orléans et le faubourg du Portereau séparés par la Loire.

SCÈNE I

HENRI DE GUISE (1), AMYOT

HENRI, *lisant un pamphlet calviniste.*

Eh! comment! Saint-André, Montmorency, mon père,
Ces trois hommes de bien n'auraient donc fait la guerre
Que par ambition, par haine, par orgueil?
Ils voulaient en s'armant nous plonger dans le deuil!
La mort du maréchal aurait mis une épée
Aux mains de deux rivaux, d'un César, d'un Pompée?

(1) Henri, prince de Joinville, fils du duc François de Guise, âgé de treize ans, surnommé plus tard *le Balafré*, mort assassiné au château de Blois (1588); « prince aimable, doué d'une intelligence supérieure, d'une extrême aptitude aux affaires, incomparable dans tous les exercices du corps (il nageait parfois tout armé, luttant contre le courant d'une rivière) »; « près duquel tous les autres princes paraissaient peuple »; mais ambitieux et intrigant.

(V. Mss. Béthune, mss. Guignières, *Mémoires de Marguerite de Valois*, Balzac et les deux sonnets du Tasse...)

AMYOT.

C'est un mensonge, Henri. Nos pieux triumvirs (1)
Voulaient de la patrie étouffer les soupirs.
Votre glorieux père et le grand connétable,
Agenouillés ensemble à la divine table,
Ont uni pour le bien leur nom et leur valeur,
Et juré d'arracher la France au déshonneur.
Ils ont tenu parole, et si le poids de l'âge
Du vieux Montmorency n'eût trahi le courage,
Vous le verriez ici combattre dans nos rangs,
Seconder votre père et reprendre Orléans,

HENRI.

Ah! qu'un pareil discours me comble d'allégresse!
Pour ce père, Amyot, vous savez ma tendresse,
A vivre loin de lui condamné trop longtemps,
Je viens jouir enfin de ses faits éclatants,
Et contempler de près l'exemple de sa vie.

AMYOT.

A ces nobles transports, enfant, je porte envie.
Vous êtes digne, Henri, du sang de vos aïeux.

HENRI.

Plaise au ciel!

AMYOT.

Mais craignez ces lâches factieux,
Ces ennemis jurés du trône et de l'Église.

(1) Le triumvirat formé pour le salut de la France par François de Guise, Montmorency et le maréchal de Saint-André. — Ce dernier était mort à la bataille de Dreux (1562). A ce combat, dont tout l'honneur revient au duc François de Guise, Montmorency avait été pris par les protestants, Condé par les catholiques.

HENRI.

Moi les craindre, Amyot ! pour Dieu, la France et Guise,
Que ne puis-je à leurs coups m'exposer sans retard ! —
Leur glaive vous fait peur ?

AMYOT.

Non pas, mais leur poignard.

HENRI.

Trop faibles au grand jour, voudraient-ils aux ténèbres
Demander le succès de leurs trames funèbres !
Des guerriers !

AMYOT.

Des guerriers ! Dites des Huguenots
Perfides artisans de ruse, de complots.
Enfants dégénérés de leurs nobles ancêtres,
Qui ne prodiguent l'or que pour payer des traîtres.
Le meurtre est à leurs yeux une noble action
S'il peut consolider leur sombre faction.

HENRI.

Je tremble. Ah ! dans mon cœur soutenez l'espérance.
N'avons-nous point pour nous le roi, la cour, la France ?

AMYOT.

Oui, la France est à nous ; mais la cour nous trahit.
Au vent de la faveur Catherine obéit (1).
Lorsque du roi son fils j'instruisais la jeunesse,
J'ai pu lire en son cœur, connaître sa finesse,

(1) Pour de plus amples détails sur le caractère de Catherine de Médicis, on peut lire surtout un document précieux : *Le Discours merveilleux de la vie, actions et déportements de la reyne Catherine de Médicis*, attribué à Henri Estienne (1574). Voltaire lui-même est de notre avis (*Henriade*, t. II). Voyez aussi les notes de la *Harenga* et les lettres de Catherine de Médicis publiées par M. de la Ferrière. Cf. *Revue des questions historiques*. — Oct. 1883 et avril 1888.

Son hypocrite amour, sa timide fierté,
Ses calculs ténébreux, sa froide cruauté.
Elle voudrait, tenant les partis en balance,
Imposer à tous deux le calme et le silence,
Les vaincre l'un par l'autre, et garder le pouvoir.
Diviser est son arme, et régner son espoir.

HENRI.

Et L'Hôpital (1) ?

AMYOT.

Peut-être il eût en d'autres âges
Mérité les honneurs qu'on rendit aux sept Sages.
Mais il est trop sceptique en ces temps malheureux
Pour unir dans un camp les combattants de Dreux.
Au gré des vrais chrétiens sa foi même chancelle,
Au gré des Huguenots il n'ose être fidèle.

HENRI.

Avec le prince au camp ne doit-il pas venir?

AMYOT.

Il veut par un traité voir la lutte finir.
Mais je ne pense pas que votre illustre père
De ses projets glacés complaisamment espère.
Lui seul nous reste encor; lui seul peut de son bras
Nous arracher au gouffre entr'ouvert sous nos pas.
Capitaine accompli, fils vaillant de l'Église,

(1) « La physionomie de l'Hôpital, dit M. A. Trognon dans son *Histoire de France*, porte plus peut-être l'empreinte de la sagesse antique que celle du christianisme. » (T. III, p. 24.) « On le soupçonnait d'hérésie, et l'on répétait comme un proverbe qu'il fallait se garder de la messe du chancelier. » (Villemain, *Vie de l'Hôpital*, p. 412.)

Gabourd, *Histoire de France*, t. X, p. 353, nous semble avoir donné une assez juste appréciation du chancelier, en louant sa science et critiquant son caractère privé.

En abdiquant deux fois un pouvoir qu'il méprise,
Il montra ce que peut un caractère droit
Servi par le génie et luttant pour le droit.

HENRI.

Merci de votre éloge ! Une telle conduite
Est loyale et Française. Oui, je veux à sa suite
Etre bon, noble et pur, pour mériter un jour
De rendre son beau nom plus grand que mon amour.
Je laisse au jeune roi suivre ses destinées
Consumer en plaisirs la fleur de ses années ;
Aux intrigues de cour je préfère un combat :
Le métier de valet ne sied guère au soldat.
Quand on porte le nom de Guise ou de Lorraine,
A quoi bon mendier les faveurs d'une reine ?
On doit vivre au soleil, et défendre en vainqueur
La France dont l'Anglais voudrait ronger le cœur.

SCENE II

LES MÊMES, GUISE (1), TAVANNES, UN ASSASSIN, SOLDATS. (2)

TAVANNES, *dans la coulisse.*

Meurs, traître.

HENRI, *à Amyot.*

Entendez-vous ?

(1) Voir à la fin la note explicative.

(2) Le fait est authentique, ainsi que les paroles mêmes du duc de Guise. — L'événement eut lieu quelques mois auparavant.

(V. Montaigne, *Essais*, t. I, ch. XXIII.)

AMYOT.

Un meurtre !

HENRI.

Quel mystère !

GUISE.

Allez, je vous pardonne.

HENRI, *allant à son père.*

Ah! grand Dieu ! c'est mon père.

GUISE, *entrant.*

Quoi, mon fils est venu !

AMYOT.

Détourner le poignard.

HENRI.

Et combattre avec vous sous le même étendard.

GUISE.

Il peut dans le fourreau garder sa jeune épée :
Dieu veille, et des méchants la fureur est trompée.

TAVANNES.

Condamnez l'assassin.

GUISE.

Mon Dieu s'est-il vengé ?
N'est-ce point par sa croix que je serai jugé ?

TAVANNES.

Mais si vous épargnez, seigneur, ce misérable,
D'autres imiteront son audace exécrable.

AMYOT.

L'impunité souvent engendre les forfaits ;
On peut être cruel à force de bienfaits.

HENRI.

Savoir frapper à temps peut s'appeler clémence.

GUISE.

Frapper un insensé doit s'appeler démence.

TAVANNES.

Mais vous représentez les intérêts des rois.

GUISE.

Je représente ici de plus sublimes droits.
(*A l'assassin.*)
Approchez, mon ami. Voyez la différence
Que met entre nous deux le pardon et l'offense.
Votre religion dispose de mon sort
Sans raison ni procès ; elle condamne à mort
Un général, un prince. Et la mienne ! elle ordonne
Qu'à son frère égaré la victime pardonne. —
Vivez.

L'ASSASSIN, *tombant à genoux.*

Qu'entends-je ?

GUISE.

Allez. Libre de tous liens
Vous connaîtrez peut-être où sont les vrais chrétiens,
Où sont les vrais sujets du Christ et de la reine.

HENRI.

O clémence !

L'ASSASSIN.

O remords !

GUISE, *à Tavannes.*

Tavannes, qu'on l'emmène.

L'ASSASSIN.

Orléans le saura.

Il sort avec Tavannes et les soldats.

SCÈNE III

GUISE, HENRI, AMYOT.

HENRI, *tandis que Guise s'assied et examine une carte.*

Mon père, malgré moi,
Son dessein avorté me pénètre d'effroi.
Et mon songe...

GUISE, *souriant.*

Comment?

HENRI.

Si cette affreuse image
Etait de nos destins le fidèle présage !

GUISE, *ne prêtant qu'une demi-attention.*

Enfant...

HENRI.

Ah ! laissez-moi vous faire ce récit.

AMYOT.

Un songe, c'est parfois Dieu qui nous avertit.

GUISE.

Eh bien?

HENRI.

Nous chevauchions aux bords d'une rivière
Que la lune éclairait de sa pâle lumière.
Mais, voici que soudain brille dans un taillis

Un éclair ; un coup part, nous sommes assaillis,
Vous tombez. J'aperçois des soldats hérétiques
Couverts de votre sang. Contre ces fanatiques
Ma colère s'allume et je cours vous venger.
Ma dague dans leur sang venait de se plonger,
Mais un spectre nouveau de la terre s'élève.
Ses yeux étaient sanglants, sa main tenait un glaive.
Il me frappe ; en tombant je l'entraîne avec moi.
Jugez de mon horreur : c'était...

GUISE.

Qui donc?

HENRI.

Un roi!

GUISE, *qui n'a pris garde qu'aux derniers vers, se lève en haussant les épaules.*

D'un esprit agité capricieux mensonges!
Qui ? Moi? Je tremblerais sur la foi de tes songes!
Non, finissons ma tâche. Alors, s'il plaît à Dieu,
Libre de dire aux camps un éternel adieu,
Triomphant de l'envie et désarmant la haine,
Je prétends retourner dans ma chère Lorraine,
Vivre pour mes enfants et couler mes vieux jours
Loin du bruit de la foule et du tracas des cours.

AMYOT.

Vous fuiriez du pouvoir les soucis, les alarmes?

HENRI.

Je le garderais, moi, j'y trouve trop de charmes.
Tenez, quand je luttais avec les jeunes rois
Et que j'étais vainqueur dans nos petits tournois,
Sous les yeux d'Amyot, que mon âme était fière

De voir flotter au vent les plis de ma bannière !
J'étais le roi du jour, la cour m'applaudissait,
Et d'un modeste orgueil votre fils rougissait.
Mon père, était-ce mal, et faut-il que j'adjure
Un sentiment flatteur qu'inspire la nature ?

AMYOT, *riant.*

Déjà l'ambition ? Qu'en pense, Monseigneur ?

GUISE, *gravement.*

Il est un saint orgueil, un légitime honneur :
C'est l'orgueil du chrétien qui met au ciel sa gloire,
C'est l'honneur du Français fier de sa noble histoire.
Mais si l'on veut courber un peuple sous la loi,
Au lieu du bien de tous ne rechercher que soi,
L'homme le plus puissant, capitaine ou ministre,
Ne jette, astre fatal, qu'une clarté sinistre :
En vain la voix des cours au succès applaudit,
Le peuple devant Dieu pleure, accuse et maudit.
J'aurais pu profiter d'une double régence
Pour mettre sur mon front la couronne de France,
Mais non... Je savais trop le vide du pouvoir,
Et j'ai sacrifié mon orgueil au devoir.
Souviens-toi, mon enfant, des leçons de ton père.

HENRI.

Mais en votre secours tout le royaume espère.

AMYOT.

Que serait-il sans vous ?

ROSTAING, *entrant.*

Seigneur, voici le roi.

GUISE.

Je vais à sa rencontre. Henri, viens avec moi.

Ils sortent.

SCÈNE IV

AMYOT, *puis* LE CHŒUR.

Pendant quelques instants, fanfare. Entrent des soldats.

CHŒUR, *Le Trouvère*, act. II, paroles de l'Opéra, modifiées.

Quand le roi vient, plus d'alarmes :
A bientôt le jeu des armes ;
Nous vaincrons ces mécréants.
Essuyons le sang du glaive;
Mais demain ni paix ni trêve :
Que le siège enfin s'achève
Et nous prendrons Orléans.

UN SOLDAT.

Chers compagnons, notre vaillance
N'attendra pas longtemps;
On garde à votre impatience
Un butin magnifique et des faits éclatants.
Pour vos travaux la gloire est prête ;
A demain la fête.

LE CHŒUR.

Que la trompette aux accents belliqueux
Fasse éclater la fanfare guerrière :
Nos ennemis nous verront avec eux
Descendre armés dans la noble carrière.
Le signal des combats
Dans l'arène nous appelle ;
Du courage, soldats,
Dieu qui guide nos pas

Nous promet un beau trépas,
C'est la palme la plus belle.
Nous partons avec Guise, à la voix de l'honneur,
Et nous irons avec bonheur
Mourir sous son drapeau vainqueur.

SCÈNE V

LE ROI, GUISE, L'HOPITAL, TAVANNES, ROSTAING, HENRI, AMYOT, SOLDATS.

Le roi entre en discutant avec Guise.

LE ROI.

Duc, votre plan est beau, je suis près d'y souscrire ;
Mais hier j'entendais un général me dire
Qu'il était dangereux d'user notre vigueur
Dans un siège inutile et qui traîne en longueur.
Ne pourrait-on, faisant une marche hardie,
Surprendre l'amiral vainqueur en Normandie ?

GUISE.

Oui, Sire, à Castelnau mes plans ne plaisent pas ;
Mais n'avez-vous pas vu l'ardeur de mes soldats ?
Ils veulent par l'assaut voir terminer le siège ;
Et j'irais les mener dans la boue et la neige,
Sans vêtements, nu-pieds, privés de tout secours,
A la fin de l'hiver, pendant plus de vingt jours !

(1) Charles IX (1550-1574), âgé de treize ans, avait été élevé par Amyot. Prince frivole, mais ami des lettres, il aurait pu être un grand roi, si l'on en croit les contemporains, sans la détestable éducation que lui donna plus tard sa mère.

LE ROI.

Mais pour être vainqueurs.

GUISE.

Sire, si nous le sommes.
Croyez-vous que je puisse avec quinze mille hommes,
Combattre Coligny renforcé des Anglais ?
J'exposerais le trône à tomber pour jamais.
Et que dirait la France en voyant que l'armée
N'a pu prendre en un mois une ville affamée,
Qui ne se défend plus que par ses hauts remparts ?
Restez, et vous verrez flotter vos étendards
Sur les tours d'Orléans, et jusqu'à la Guyenne
Les Français recevoir les ordres de la reine.
Alors à mon drapeau si le vôtre est uni,
Suivis de vos soldats, nous vaincrons Coligny.

LE ROI.

Soit. J'y consens. Messieurs, à demain la bataille,
Je vous y montrerai comment un roi travaille.

AMYOT.

Vous, Sire?

GUISE.

Noble ardeur!

LE ROI, *à Guise.*

Je veux sous vos regards
Apprendre les combats et braver les hasards.

GUISE.

En attendant, non loin du camp et de la ville,
Corney vous offre, Sire, un plus royal asile.
Si Votre Majesté veut gagner ce château,
Je vais par le Loiret l'y conduire en bâteau.

Qu'un repos bienfaisant retrempe son courage
Et demain, la fatigue.

LE ROI.

Oui, le conseil est sage,
Partons. Mais qu'Henri seul accompagne mes pas.
Tout vous retient au camp, ne l'abandonnez pas.
Il s'éloigne et dit un mot à voix basse à L'Hôpital.

HENRI, *bas à son père.*

Il faudra donc toujours vous quitter, ô mon père.

GUISE.

Va, mon fils, suis le roi.

LE ROI, *se rapprochant de Guise et le prenant à part.*

La régente, ma mère,
Voudrait que vous eussiez un moment d'entretien
Avec le chancelier.

GUISE.

Sire, je le veux bien;
Mais, à vous parler franc, à peine je m'explique
Ce qu'espère aujourd'hui sa froide politique,
J'aurais meilleure grâce à l'entendre demain
Dans Orléans conquis, et l'épée à la main.

LE ROI.

Faites-vous cet effort. Un bon chef, dit ma mère,
Toujours songe à la paix en conduisant la guerre :
Pour l'amour de la reine écoutez L'Hôpital.

GUISE.

J'obéirai.

(*Le roi sort et tous avec lui, excepté Guise et L'Hôpital. Fanfares*).

SCÈNE VI

GUISE, L'HOPITAL

L'HOPITAL.

Seigneur, quel délire fatal
Partage les esprits et déchire la France !
De la patrie en deuil vous êtes l'espérance
Et la paix...

GUISE.

Oui, Monsieur, je voudrais assurer
Une paix sans nuage et faite pour durer ;
Mais vous le savez trop, ce n'est là qu'un beau rêve,
Depuis cinq ans, la paix n'est jamais qu'une trêve.

L'HOPITAL.

Si quelque heureux moyen la pouvait cimenter...

GUISE.

Lequel ?

L'HOPITAL.

Si des deux parts nous faisions accepter
L'égale liberté de toutes les croyances.

GUISE.

Et qui donc, après tout, force les consciences ?
On croit ce qu'on veut croire, et jamais la terreur
N'a des cœurs endurcis déraciné l'erreur.

L'HOPITAL.

Faisons plus. Admettons que, selon ses lumières,
Chaque culte au Seigneur puisse offrir ses prières.

GUISE.

Prenez garde, Monsieur. Que sont les Protestants?
Des ennemis du Roi, des sujets mécontents,
Qui, sous de faux dehors ourdissant leur intrigue,
Voudraient du Bien public ressusciter la ligue.
Eh quoi! s'il plaît à Bèze, à Calvin, à Luther
De prêcher bruyamment leur dogme né d'hier,
Voulez-vous que le prince, en ces jours de tempête,
Devant eux, pour la paix, n'ait qu'à baisser la tête?
S'ils s'avisent demain de permettre le vol,
Faudra-t-il pour la paix leur partager le sol,
Et bientôt, — que sait-on? — de par la tolérance,
Nous laisser massacrer avec indifférence?
Non, le vrai serviteur de l'Eglise et des rois,
A l'orgueil révolté ne connaît point de droits.

L'HOPITAL.

Vous ne m'entendez point. L'Etat, pour se défendre,
Dans ces discussions ne doit jamais descendre,
Mais si de la raison quelque ardent contempteur
Des désordres publics se fait l'instigateur,
L'Etat veille et combat. Sa vie est temporelle,
Il n'a pas comme nous d'existence immortelle.
Et portons-nous ombrage à sa sécurité
En laissant des pécheurs prier en liberté?
Mais je le vois, Seigneur, vous m'estimez sceptique,
Parce que, en bon ministre, en sage politique,
Je veux que mon pays présente à l'Eternel
Ses cultes animés d'un amour fraternel.

GUISE, *riant amèrement*.

Faites mieux. Obtenez que le vil Islamisme
S'unisse pour prier au brutal athéisme!

Ce sera l'âge d'or. Mais laissons l'avenir,
Où donc pour notre temps voulez-vous en venir?

L'HOPITAL.

A vivre en liberté comme un peuple de frères.

GUISE.

Ah! ne vous flattez pas d'agréables chimères!
Pourriez-vous ignorer que vos concessions
Ont échauffé l'ardeur de nos divisions?
De l'édit de janvier vous connaissez les suites (1):
Des complots souterrains, des pardons hypocrites;
Puis un jour, tout d'un coup, contre nos étendards
Nos braves Huguenots ont levé leurs poignards;
Ils ont trouvé des chefs, des armes et des villes.
Que si, pour endormir les discordes civiles,
Avec ces factieux vous voulez pactiser
Et ministre prudent, toujours temporiser,
Vous les verrez encore à Lyon, à Valence,
Rougir de corps sanglants le Rhône et la Durance,
Renverser les autels, à Blois, Rouen, Poitiers,
Egorger de nouveau cent prêtres à Béziers,
Au milieu des bûchers, dans les places publiques,

(1) L'histoire des tristes événements qui remplissent l'année 1562 est relatée surtout dans les pièces suivantes :
1° Discours du saccagement des Églises de France, par dom Claude de Saintes, bénédictin, 1563; 2° Le Discours des premiers troubles advenus à Lyon, 1569; 3° Discours de ce qui a été fait, ès-villes de Valence et de Lyon (*Mémoires de Condé*); 4° Lettre du baron des Adrets à la reyne-mère. — V. ***Archives curieuses***, t. IV. — Le poète Ronsard, qui combattit de la plume et de l'épée, nous peint les Huguenots, en 1562, défendant :

.....une doctrine armée,
Un Christ empistolé, tout noirci de fumée,
Qui, comme un Méhémet, va portant à la main
Un large coutelas rouge de sang humain.

Traîner, souiller, brûler des croix et des reliques;
Et remettre, en un mot, leurs cruels intérêts
Dans les sanglantes mains du baron des Adrets.

L'HOPITAL.

Des Adrets, dites-vous : mais Montluc en Guyenne ?
Je vois des deux côtés le crime avec la haine.

GUISE.

Montluc est un soldat qui croit par sa vigueur
D'un combat fratricide abréger la longueur;
Et tandis qu'il encourt le blâme de l'Eglise,
Aux yeux des Protestants l'autre s'immortalise.
Mais soit, parlons de paix. Est-ce à la vérité
De faire avec l'erreur un fraternel traité?
Non, que les factieux, si leur fureur est lasse,
A leur prince outragé viennent demander grâce :
Et moi, lassé comme eux de l'horreur des combats
J'accepte pour la paix l'exil ou le trépas;
Mais si nous n'obtenons qu'une trêve éphémère,
A des traités menteurs je préfère la guerre.

L'HOPITAL.

Ayez meilleur espoir. Le prince de Condé
Vient d'arriver au camp par Charles IX mandé;
Tout prisonnier qu'il est, la secte l'autorise
A stipuler pour elle avec le duc de Guise,
Et je vous suis garant qu'à la convention
La reine donnera sa pleine sanction.

GUISE.

Condé me hait. N'importe. Essayons cette voie.
Allons. Ciel! Le voici.

L'HOPITAL.

Dieu même nous l'envoie.

SCÈNE VII

GUISE, L'HOPITAL, CONDÉ.

CONDÉ.

C'est vous que je cherchais, Monsieur le chancelier.
(*Il tourne le dos à Guise*).
Rien ne pourra jamais me réconcilier
Avec cet homme-là (1).

GUISE, *à part.*

Quel orgueil!

L'HOPITAL, *bas à Condé.*

Pour la France
Je vous en prie, au moins un mot de conférence :
Le roi le veut ainsi.

CONDÉ.

Je ne puis le nier.

L'HOPITAL.

De grâce.

CONDÉ, *après un silence et avec effort, se rapprochant de Guise.*

Eh bien! Monsieur, me voici prisonnier.
Mes pères commandaient jadis à vos ancêtres,

(1) Consulter, sur l'ambitieuse impétuosité du prince de Condé (1530-1569), sur ses projets, sur sa haine contre les ministres *étrangers*, l'*Histoire des ducs de Guise*, par René de Bouillé, t. II, p. 10; *Papiers de Simancas*, B. II; *Dépêches de Chatonnay;* Davila, Lacretelle et Vitet, *la Ligue.*

Aujourd'hui vous donnez un cachot à vos maîtres;
Et l'on voit les Bourbons, les Valois se ranger
Sous l'étendard d'un Guise et d'un prince étranger.

L'HÔPITAL, *à part.*

Sa fierté va tout perdre.

GUISE.

Oui, je sais la distance
Qu'entre nos deux maisons établit la naissance,
Et ce que je vous dois de respect et d'honneur.
Toutefois je pourrais me vanter, Monseigneur,
D'avoir pour alliés les princes d'Allemagne ;
Et si je vous disais qu'issus de Charlemagne
Mes pères ont jadis régné sur vos aïeux,
Ces titres sembleraient aussi beaux et plus vieux,
Et vous dispenseraient de dire à la légère
Que ma maison descend d'une race étrangère.
Mais laissons de vains noms. Quand il fallut chasser
Ceux que la France encor n'avait pu repousser,
Quand, terminant d'un coup cette éternelle guerre,
Je repris pour toujours Calais à l'Angleterre,
Votre père, seigneur, ne crut pas déroger
De servir sous un chef à vos yeux étranger.
Ma famille, il est vrai, gouverne la Lorraine,
Mais la vôtre au Béarn commande en souveraine,
Sans y perdre ses droits au beau nom de Français ;
Et si...

CONDÉ.

Vous me bravez.

L'HÔPITAL.

Ah! songeons à la paix.

CONDÉ.

Qu'il cesse d'étaler ses faibles avantages.
(*A Guise*)
Le sort vous a donné de riches héritages,
Et Calais, après tout, n'est qu'un brillant succès, (1)
Ouvrage du hasard et du sang des Français.

L'HÔPITAL.

Le hasard suffit-il à livrer une place
Que la mer, qu'un marais, qu'un triple mur enlace !
Soyez juste, seigneur.

CONDÉ.

Beau triomphe !

GUISE.

Aussi bien
S'il y fallut du sang, ai-je épargné le mien ?
Je venais d'Italie ; on me donne une armée
Sans ressource, sans pain, par le fer décimée.
Je demande à Gonzague, à Bouillon des renforts,
Je fais sortir sans bruit vingt vaisseaux de nos ports,
De Gonnor je reçois quinze pièces de siège ;
J'ordonne à Sénarpont de fabriquer en liége
Des boucliers volants, et, trompant les Anglais,
Par trois points, dans la nuit, j'environne Calais ;
Les ennemis, les flots nous opposent leur rage :
Mais rien ne peut tenir contre notre courage ;
Et les vaisseaux anglais accourus au secours,
Reculent en voyant Calais pris en huit jours.
C'est me vanter. Pardon ! Mais dans quelqu'autre guerre

(1) V. le *Discours de la prise de Calais,* Tours, chez Jehan Rousset, imprimeur et libraire, 1558.
Quant au massacre de Vassy, voyez : acte V.

Dieu vous accorde, prince, un sort aussi prospère !
Et si dans les combats vous montrez autant d'art,
Je n'attribuerai point vos succès au hasard.

CONDÉ.

Monsieur...

GUISE, *avec éclat.*

Contre son roi quand on arme les reitres,
Qu'on va payant le fer ou le poison des traîtres,
Et qu'on livre aux Anglais la France à ravager,
Où trouve-t-on le droit de me dire étranger ?

L'HÔPITAL.

Leur aigreur à tous deux ruine mon ouvrage.
Mes seigneurs, par pitié !

CONDÉ.

Je réponds à l'outrage.
On m'accuse, je crois, d'armer contre mon roi.

GUISE.

Oui, prince.

CONDÉ.

Non, Monsieur ; je lui garde ma foi.
Mais si je m'aperçois qu'un sujet infidèle
Veut mettre et la régente et le prince en tutelle,
Moi, son oncle, je viens...

GUISE.

Mais votre frère ainé
Avait son droit aussi.

CONDÉ.

Mais il l'a profané,
Flétri, souillé de sang dans ce premier carnage

Qui du Lorrain barbare illustra le passage,
Quand tout bardé de fer vous étiez dans Vassy
Immolant, égorgeant sans pitié ni merci...

GUISE, *l'interrompant.*

De lâches agresseurs...

CONDÉ.

Des innocents, des frères...

GUISE.

Qui frappaient mes soldats...

CONDÉ.

Qui chantaient des prières.

GUISE.

Pour ma mort.

CONDÉ.

Votre mort ! elle serait un bien.

GUISE.

Seigneur !

L'HÔPITAL.

Ah ! brisons-là ce fatal entretien.
Si j'avais pu prévoir...

GUISE, *au chancelier.*

Monsieur, je vous atteste
Que je suis innocent d'un éclat si funeste.

CONDÉ.

Et moi je jure ici ma foi de chevalier.
De ne traiter jamais avec ce meurtrier.

GUISE.

Dieu lui pardonne !

L'HÔPITAL, *à Condé.*

Au moins avec le connétable.
Essayez de conclure une paix équitable,
Prisonniers tous les deux, anciens amis, parents,
Vous pouvez terminer nos tristes différends.

CONDÉ.

Voilà le seul avis où je puisse me rendre.
Avec Montmorency je consens à m'entendre.
Adieu. (*Il sort*).

L'HÔPITAL.

Je vais le suivre. (*Il sort*).

GUISE.

Allez.

SCÈNE VIII

GUISE *seul, puis* ROSTAING *et* TAVANNES

GUISE.

Quoi, nul accès
Dans ce cœur de Condé, né loyal et français !
L'orgueil de l'hérésie endurcit la nature.
Hélas ! les malheureux me prodiguent l'injure ;
Je suis pour eux un monstre, un tyran détesté,
Moi qui n'ai d'autre vœu que leur félicité !
Mais puissé-je, ô mon Dieu, sous le poids de leur chaîne
Leur rendre autant d'amour qu'ils m'ont donné de haine,
Et, présentant ma tête au fer des scélérats,
Mourir avec bonheur pour sauver des ingrats !

ROSTAING.

Seigneur, un gentilhomme attend qu'on l'introduise.

GUISE.

Et que veut-il, Rostaing ?

ROSTAING.

Servir le duc de Guise.

GUISE.

D'où vient-il?

ROSTAING.

D'Orléans.

GUISE.

Il s'appelle ?

ROSTAING.

Poltrot.

TAVANNES.

Oui, Poltrot de Méré.

ROSTAING.

Sans doute un huguenot.

GUISE.

Dans ces conversions j'ai peu de confiance.
Qu'il entre cependant ; je lui donne audience.

Rostaing sort et ramène Poltrot.

SCENE IX

GUISE, POLTROT, ROSTAING.

POLTROT, *un genou en terre* (1).

Vous voyez à vos pieds un soldat malheureux;
Jadis il combattait sous les ordres d'un preux,
Quand Charles-Quint de Metz fit vainement le siège.

GUISE, *le relevant.*

Vous ?

POLTROT.

Que vous étiez beau dans la glace et la neige
Arrachant à la mort de pauvres prisonniers,
Et luttant de courage avec nos chevaliers !
Hélas ! Je fus ingrat. Le sire de Soubise
Par des discours menteurs me fit oublier Guise,
De son camp, de sa cour il me livra l'accès.

GUISE.

Pourquoi le quittez-vous ?

(1) Poltrot de Méré, seigneur angoumois, né en 1525.
« Ce Poltrot partit d'Orléans, vint trouver M. de Guise, et, par un beau semblant, lui dit que, cognoissant les abus de la religion prétendue réformée, il l'avait quittée tout à plat, et pour ce l'estait venu trouver pour la changer et vivre en la bonne, et servir Dieu et son Roy. M. de Guise, qui était tout bon, magnanime et généreux, le reçut fort bien et amiablement, ainsi qu'estait sa coutume, luy fit donner un logis, e mangeait souvent à sa table. » (Brantôme, *Hommes illustres.*

POLTROT.

Trop de lâches excès
De leurs dogmes sanglants m'ont trahi le mensonge.
Révolté des horreurs où leur bande se plonge,
J'osai dire tout haut que Dieu ne bénit pas
Ce pillage effréné, ces injustes trépas.
A ce coup Dandelot vomit sur moi l'injure,
Mais j'ai fui sa colère et son drapeau parjure :
Prononcez le pardon que j'implore à genoux.

GUISE.

Et de ton repentir quel gage obtiendrons-nous ?

POLTROT.

Je jure sur la croix que dans toute ma vie
Servir votre drapeau sera ma seule envie.
Que voulez-vous de plus, Monseigneur?

GUISE.

Qu'à nos yeux
Tu dévoiles ici les plans des factieux ;
Que toi-même à l'assaut conduisant nos cohortes
Tu marches le premier pour enfoncer les portes,
Que luttant comme moi, toujours à mon côté ;
Ton sang me soit garant de ta sincérité.
Le veux-tu ?

POLTROT.

Je le veux.

GUISE.

A la première place
Combattre ou mourir ?

POLTROT.

Oui.

GUISE.

Ton cœur a de l'audace.

POLTROT.

Oui.

GUISE.

De nos assaillants peux-tu guider l'effort ?

POLTROT.

Oui.

GUISE.

Prends garde, Poltrot ; si tu mens, c'est la mort.

POLTROT.

Monseigneur, je dis vrai. Vous voyez ces tourelles?

GUISE.

Eh bien?

POLTROT.

Près de ce pont s'élèvent les Tournelles.
Attaquez-les demain et par terre et par eau.
Et tournez vos canons contre le Portereau.

GUISE.

Alors?

POLTROT.

Deux jours après la ville sera prise.

GUISE.

Vive Dieu ! Dans trois jours la France est reconquise.

ACTE DEUXIÈME

Une place d'Orléans.

SCÈNE PREMIÈRE

CHATILLON, BEZE, L'ASSASSIN, PEUPLE, SOLDATS

BÈZE.

Quoi ! traître, oses-tu bien louer cet imposteur (1),
Des enfants de Judas, lâche persécuteur !

CHATILLON.

C'est renier ta foi.

L'ASSASSIN.

Ma foi demeure pure,
Mais à la vérité je ne peux faire injure.

(1) Bèze (1519-1605), ministre protestant, porta dans la controverse une violence excessive, fut le principal instigateur du meurtre du duc de Guise et de celui de Michel Servet. « Poltrot, qui tua M. de Guise, fut persuadé par l'admiral, M. de Bèze, ministre. » (*Mém. de Tavannes*, col. Michaud, p. 273.)
Ce fait, affirmé par plusieurs auteurs contemporains, l'est encore par Poltrot, et, je dirais, Bèze lui-même. Poltrot, dans

BÈZE.

Guise n'est qu'un bourreau contre nous acharné,
Amis, n'en doutez pas.

L'ASSASSIN.

Mais il m'a pardonné ;
Mais quand ses compagnons provoquaient sa justice,
Quand d'un signe il pouvait m'envoyer au supplice,
Qu'à sa place vous tous vous m'auriez condamné,
Amis, au nom du Christ, Guise m'a pardonné.

CHATILLON.

Tais-toi.

L'ASSASSIN.

Puis-je oublier que je lui dois la vie !
Jamais.

BÈZE, *à la foule.*

N'écoutez pas le transfuge, l'impie
Dont l'or des Philistins paya la trahison.

sa déposition, affirme, comme on le verra plus loin, que ce ministre, à Orléans, l'engagea à commettre ce crime. Or, que répond Bèze dans sa justification? « Après le meurtre perpétré à Vassy, il (Bèze) n'a toutefois jamais été d'advis de procéder pour lors contre le dit sieur de Guyse par voye de justice ordinaire... Mais tost après, le dit seigneur, ayant pris les armes, il confessa avoir dès lors, tant en public, en ses prédications, que par lettres, et de paroles adverti de leur devoir tant Monseigneur le prince de Condé que M l'admiral, pour les induire à maintenir, *par tous moyens à eux possibles*, l'authorité des édits du Roy... Et, au surplus, quant au seigneur de Guyse, il confesse avoir infinies fois désiré et prié Dieu ou qu'il changeast le cœur du dit seigneur de Guyse, ou qu'il en délivrast ce royaume. » Voir la Réponse à l'interrogatoire qu'on dit avoir esté fait à un nommé Jean Poltrot, par M. de Châtillon, admiral de France, (*Mémoires, journaux du duc de Guise*, Col. Michaud, 1re série, t. II). Consulter, sur cet article, Bossuet, *Histoire des Variations*, t. X, ch. XXVI et suivants, ch. II et surtout LIV.

L'ASSASSIN.

Bèze, tu mens.

PREMIER SOLDAT.

A mort!

DEUXIÈME SOLDAT.

A mort!

BÈZE.

Non, en prison.

Il suffit. Point de sang.

Les soldats entourent l'assassin.

L'ASSASSIN.

Voilà votre clémence !

Guise est plus généreux.

VOIX DANS LA FOULE.

C'est pourtant vrai.

BÈZE.

Silence!

L'ASSASSIN.

De mes concitoyens j'invoque l'équité.

VOIX DANS LA FOULE.

Peut-être a-t-il raison.

L'ASSASSIN.

J'ai dit la vérité.

BÈZE, *furieux, aux soldats.*

Qu'on l'entraîne!

L'ASSASSIN, *à Bèze.*

Tyran!

CHATILLON.

Silence, ou mon épée...
(*On emmène l'assassin*).

BÈZE, *bas à Châtillon*.

Incident malheureux!

CHATILLON, *bas à Bèze*.

La foule en est frappée.
Ramenons-la.

BÈZE.

Que vois-je! On plaint ce criminel!
On hésite, on murmure, on m'estime cruel!
Qui m'accuse de vous? Je suis prêt à l'entendre...
(*Un silence... Bèze continue*).
Peuple trop généreux, trop facile à surprendre!
Quoi! d'un récit menteur prompts à vous étonner,
Vous croyez qu'une fois Guise a pu pardonner!

CHATILLON.

Mais qui donc est l'auteur de vos longues misères?
C'est lui.

BÈZE.

Qui dans Vassy faisait brûler vos frères?
A souffrir, à lutter, qui vous force aujourd'hui?
Pour qui la faim, le froid, les blessures? Pour lui.
Vaincus, ignorez-vous quel choix il vous prépare?
Personne n'a-t-il vu dans le camp du barbare
Ces fers amoncelés, ces hideux instruments?...
A vous l'apostasie ou l'horreur des tourments.

UN VIEILLARD.

Monsieur, nous vous croyons; mais la longue souffrance
Au fond de bien des cœurs a glacé l'espérance,
Car le ciel est d'airain.

BÈZE.

Il s'ouvrira bientôt,
L'Esprit m'en est garant.

CHATILLON.

Ah! voici Dandelot.

SCÈNE II

Les Mêmes, DANDELOT (1).

DANDELOT.

Amis, près de Jargeau le combat se rengage.
Portez de ce côté votre mâle courage.
En vain contre Judas Moab s'est élancé;
Le bras du Tout-Puissant l'a déjà repoussé.
Allez, ne craignez rien. Et vous, ardent prophète,
Noble Bèze, avec eux marchez à cette fête;
Que vos brûlants discours embrasent tous les cœurs :
Parlez, priez, frappez, et nous serons vainqueurs.

BÈZE.

Oui, vaillant Dandelot, nous volons au martyre.
A vos tentes, Jacob!
(*A un soldat*).
Quoi! ce lâche soupire!

PREMIER SOLDAT.

Toujours, toujours combattre!

(1) Dandelot ou d'Andelot, frère de Coligny (1521-1569), caractère bien connu, l'un des plus ardents défenseurs de la religion protestante. Poltrot ne le chargea point dans ses premiers interrogatoires mais l'accusa, plus tard comme Coligny.

DEUXIÈME SOLDAT.

Et nous mourons de faim.

BÈZE.

Soldats du Tout-Puissant, le Verbe est votre pain.
Sa parole suffit : croyons en ses oracles.

PREMIER SOLDAT.

Mais en les annonçant il faisait des miracles.

DANDELOT.

Vous en voulez? Ce soir le tyran va périr.
Partez, fils d'Ephraïm!

DEUXIÈME SOLDAT.

Frères, allons mourir.
(*Ils sortent*).

SCÈNE III

DANDELOT, CHATILLON.

CHATILLON.

Malgré tout, c'en est fait : ta longue résistance
Ne saurait prolonger d'un jour notre existence.
Guise a pris Olivet; et demain au Martroy,
Il mènera captif son fantôme de roi.
D'ailleurs tu l'as pu voir; las de traîner sa chaîne,
Le soldat rebuté n'obéit plus qu'à peine.

DANDELOT.

Le plus léger succès lui rendra sa valeur.

CHATILLON.

Je n'en crois rien.

DANDELOT.

Mais toi, manquerais-tu de cœur ?

CHATILLON.

Je ne m'abuse point.

DANDELOT.

Comment ? Tu t'épouvantes,
Parce que du Seigneur les vengeances trop lentes,
N'ont pas encore frappé le nouveau Sisara !
Mais déjà le fer brille aux mains de Débora.
Pendant que sous nos murs le Philistin succombe,
Le château de Rouen devant Josué tombe ;
Ferdinand à l'empire unit Metz et Verdun ;
Soubise est dans Lyon, dans Avignon Montbrun ;
Catherine en secret favorise nos armes ;
Les Anglais à Honfleur débarquent sans alarmes ;
Et quand le Portereau sous les coups d'Ismaël
Tremble, ta foi s'ébranle et craint pour Israël ?
Non, Dieu veille sur nous : d'infaillibles paroles
Ont promis à la mort les prêtres des idoles.
Et la Loire verra leurs escadrons tremblants
Rouler comme un plomb vil dans ses gouffres sanglants.

CHATILLON.

Laisse-là, Dandelot, ces rêves prophétiques :
J'en crois plutôt mes yeux que tes fureurs mystiques.

DANDELOT, *avec emportement.*

Jacob triomphera.

CHATILLON.

Trêve de ces grands mots (1)
Faits pour duper la foule et gouverner les sots.
J'en connais le pouvoir sur l'âme du vulgaire;
Mais parlons entre nous une langue plus claire.
Je le dis donc tout franc que, depuis quelques jours,
Le duc s'est emparé des forts et des faubourgs.
Dix mille hommes sont morts, et la guerre extermine
Ceux que laissent debout la peste et la famine.
Le commandant Duras n'est plus, et son trépas
A jeté l'épouvante au cœur de nos soldats.
De ses nouveaux canons Guise a bordé la Loire :
La prise d'Orléans va le combler de gloire.

DANDELOT.

Mais la main de Poltrot tient le poignard fatal.

CHATILLON.

Poltrot reculera.

DANDELOT.

Que tu le connais mal!
Lorsque La Renaudie et ses guerriers sublimes,
Réunis près d'Amboise, épiaient leurs victimes,
Entre tous l'Angoumois, plein d'un noble courroux,
Appelait de ses vœux l'honneur des premiers coups.
Quand on régla les parts dans la sainte entreprise,
Il obtint pour lui seul d'en finir avec Guise,
Et ce dessein manqué, dans le fond de son cœur,
De ses ressentiments a redoublé l'ardeur.

(1) Langage bien connu alors parmi les puritains et les calvinistes. L'histoire l'atteste, et Walter Scott s'en est servi avec science et talent dans les *Puritains d'Écosse.*

CHATILLON.

La force du tyran, sa virile stature,
Que défend en secret une invincible armure,
Contre ses coups tremblants sauront le protéger.

DANDELOT.

La main ne tremble pas quand on veut se venger.

CHATILLON.

Mais on nous blâmera de cette action sainte.

DANDELOT.

Hé bien! que nous importe! Une colère feinte,
Un désaveu public, d'hypocrites regrets
Tromperont l'univers sur nos desseins secrets.
Le sang ne doit-il pas d'ailleurs, par représailles,
Des martyrs de Vassy payer les funérailles?
Nous l'écrirons partout, l'histoire le dira,
Et grâce à nos amis, la foule le croira.

CHATILLON.

Enfin sur un hasard tout ton espoir se fonde.

DANDELOT.

J'ai deux cordes à l'arc, et voici la seconde :
En combattant toujours nous n'avançons jamais;
Nos lauriers croissent mieux à l'ombre de la paix.
Tandis que nos vainqueurs en savourent les charmes,
Nous préparons contre eux de plus terribles armes
Et devenus plus forts, avec plus de fierté
Nous réclamons le droit de vivre en liberté.
La reine veut traiter. Au parti catholique
Elle vient d'envoyer un adroit politique,
Le sage l'Hôpital; et Condé, près d'ici,
Doit demain s'aboucher avec Montmorency.

J'ai laissé le vieillard libre de toute entrave :
Tu le verras sans doute. Il est fier, rude et brave.
Ne le contredis point, flatte ses passions,
Exalte sa valeur, fais des concessions,
Promets sans rien donner : tu le prendras au piège,
Et nous verrons bientôt se terminer le siège.
D'ailleurs plus d'un motif l'inclinera vers nous.

CHATILLON.

Lui, votre oncle ?

DANDELOT.

De Guise il fut toujours jaloux.

CHATILLON.

Oui, mais depuis trois ans, laissant fléchir sa haine,
Il suit docilement le drapeau de Lorraine.

DANDELOT.

Politique. Aussi bien l'orgueil est irrité
Chez ce vieillard aigri par la captivité.
Parle, mêle à propos la louange à la plainte,
Et tu ranimeras la flamme à peine éteinte.

SCÈNE IV

LES MÊMES, SOLDATS.

PREMIER SOLDAT.

On fuit de tous côtés.

DEUXIÈME SOLDAT.

Guise est dans les faubourgs.

DANDELOT.

Où donc ?

PREMIER SOLDAT.

Au Portereau.

DEUXIÈME SOLDAT.

Venez, seigneur.

DANDELOT.

J'y cours.

CHATILLON.

De mes pressentiments effet trop véritable !
Allons.

DANDELOT.

Non, Châtillon. Je vois le Connétable :
De l'effroi de nos gens qu'il ne soit pas témoin ;
Il faut le retenir, je t'en laisse le soin.
Demeure. (*Il sort avec les soldats*).

CHATILLON, *seul.*

Il a raison. Fomentons par adresse
Du vieux Montmorency la jalouse tristesse.

SCÈNE V

CHATILLON, MONTMORENCY.

CHATILLON, *allant au-devant de Montmorency.*

C'est vous, cher Connétable. Où se portent vos pas ?
Vous semblez rajeuni par le bruit des combats.

(1) Montmorency (Anne de) (1493-1567), connétable de France, fit ses premières armes à Marignan et fut, à cause de

MONTMORENCY.

La lutte entre Français est toujours lamentable,
La victoire est pour tous un bonheur redoutable,
Et l'Anglais, de son sang arrosant nos vallons,
Devrait plutôt que nous féconder nos sillons.
Mais il faut l'avouer, j'aime encore la guerre.
Les cris des combattants, ce fracas de tonnerre
Et ces flots de guerriers qu'emportent l'ouragan.

CHATILLON.

Vous avez combattu, mon oncle, à Marignan.

MONTMORENCY.

Marignan! quel beau jour! jamais je ne l'oublie!
Figure-toi, mon fils, au soleil d'Italie,
Deux cent mille soldats, un combat de géants :
La foudre qui tonnait de cent canons béants,
Le roi, près d'un affût, tout brillant de jeunesse,
Bayard étincelant de courage et d'adresse,
Trivulce et ses coursiers aussi prompts que l'éclair,
Les Suisses résistant comme un roc à la mer :
Bourbon, fidèle alors, le regard plein de flamme,
Groupant ses lansquenets autour de l'oriflamme,
Les drapeaux pris, repris ; le choc des bataillons
Roulant dans la mêlée en vivants tourbillons ;
La valeur disputant ses droits à la fortune,
Le combat qui s'achève aux clartés de la lune ;
Enfin Alviano, suivi des Vénitiens,

sa valeur aventureuse, l'un des principaux auteurs du désastre de Pavie. Il perdit la bataille de Saint-Quentin, mais gagna celle de Dreux, où il fut fait prisonnier. Autrefois jaloux de la puissance des Guise, il s'était rattaché depuis trois ans au duc François. Son caractère est historique. Le fait connu de son fameux chapelet nous peint vivement sa foi naïve et rude.

Tournant l'épais rempart des soldats Helvétiens.
Et puis, au cris de France, au feu de la mitraille,
Ceux-ci hachés, broyés, chassés comme la paille,
Et nos soldats vainqueurs... Ah ! depuis cinquante ans,
Je n'ai pas encor vu de spectacles plus grands.

CHATILLON.

Dieu ! que ces jours sont loin ! et quels sombres nuages
Ont chargé l'horizon de foudres et d'orages.

MONTMORENCY.

Oui, la patrie en pleurs s'abîme dans le deuil.

CHATILLON.

Qui donc a fait ses maux ?

MONTMORENCY.

L'ambition, l'orgueil.

CHATILLON.

Hé bien ! unissons-nous pour lui rendre la vie.

MONTMORENCY.

Comment ?

CHATILLON.

En renversant qui la tient asservie.

MONTMORENCY.

De qui veux-tu parler ?

CHATILLON.

De cet ambitieux,
De ce prince étranger à la France odieux,
Jaloux de nous mener comme un troupeau d'esclaves,
A ses lâches calculs sacrifiant nos braves,
Aujourd'hui seul ministre et maire du palais,
Et peut-être demain, que sais-je ?... roi...

MONTMORENCY.

Jamais.

CHATILLON.

Jamais ? Vous le croyez ?

MONTMORENCY.

Jamais.

CHATILLON.

Son espérance
Ne va pas en secret jusqu'au trône de France ?
J'en doute.

MONTMORENCY.

Beau neveu, vous le méconnaissez.

CHATILLON.

Qui ? ce Lorrain sans cœur, cet hypocrite ?

MONTMORENCY.

Assez.
Respectez devant moi son vertueux courage.

CHATILLON, *piqué.*

Vous avez bien changé d'humeur et de langage,
Mon oncle.

MONTMORENCY.

Je l'avoue, injuste à ses hauts faits,
Je lui prêtai souvent de coupables souhaits :
Mais lorsque je le vis rentrer dans le silence,
Abdiquer un pouvoir qui pesait à la France,
Envers Condé captif se montrer généreux,
Combattre pour l'Eglise et me sauver à Dreux ;
Lorsque je sus depuis qu'issu de Charlemagne,
Il refusait le trône aux offres de l'Espagne,

Je dis : « En restant prince il est plus grand qu'un roi. »
Et saluant en lui le héros de ma foi,
Rallié sans rancune à sa noble bannière,
J'honore en le suivant la fin de ma carrière.

CHATILLON.

Honorez-la, mon oncle, en tarissant nos pleurs.

MONTMORENCY.

Je dois y travailler dès demain.

CHATILLON.

Tous les cœurs
Voleront sur vos pas à cette conférence.

MONTMORENCY.

Et qu'en espérez-vous ?

CHÂTILLON.

Un peu de tolérance,
Le droit de vivre en paix et de mourir chrétiens,
De croire en Jésus-Christ comme aux siècles anciens,
De voir fleurir encor les jours des catacombes,
De reposer ensemble au fond des mêmes tombes,
De n'être pas contraints d'adorer à genoux
Des saints de marbre ou d'or et moins vivants que nous.

MONTMORENCY.

Si tel est ton désir, tu peux le satisfaire,
Prier au même temple, avec moi, comme un frère ;
Là reposent en paix tes pères, nos aïeux ;
En conservant leur foi tu les verras aux cieux.
Là rendant à Dieu seul le souverain hommage,
De ses heureux élus je vénère l'image ;
Mon espoir voit en eux des protecteurs puissants ;

J'offre à Dieu par leurs mains mes vœux et mon encens.
Aimez Luther, Calvin, ces âmes angéliques :
Moi, je préfère encor mes vieux saints catholiques,
Et je n'estime pas tes beaux réformateurs
Du Modèle divin plus grands imitateurs.

CHATILLON.

Soit. Mais qu'enfin chacun suive en paix son Eglise.
Est-ce là trop prétendre ? Et, sans l'orgueil de Guise,
Faudrait-il ?...

MONTMORENCY.

Avant tout, Protestants révoltés,
Obéissez au prince, observez les traités ;
Et vous pourrez alors, priant Dieu dans vos temples,
Du vertueux Luther méditer les exemples.
Mais je vois Dandelot suivi de ses soldats.
Ma présence sied mal au sein de vos débats.
Adieu. (*Il sort*).

SCÈNE VI

CHATILLON, DANDELOT, QUELQUES SOLDATS

DANDELOT.

Nous triomphons ! vainqueur près des Tournelles,
Guise entrait dans nos murs ; mais nos soldats fidèles
Ont su garder ce poste où jadis les Français,
Sous les ordres de Jeanne, ont battu les Anglais.

CHATILLON.

Gloire à Dieu !

DANDELOT, *bas, avec impatience, à Châtillon.*

Mais la paix ? sera-t-elle signée ?
Le vieillard ?...

CHATILLON.

Aux Lorrains son estime est gagnée.
Il subira les lois qu'ils voudront lui dicter.

DANDELOT.

Le lâche ! Ah ! si Poltrot pouvait donc se hâter !

SCÈNE VII

LES MÊMES, BÈZE, SOLDATS, PEUPLES

BÈZE.

Victoire à nos drapeaux !

DANDELOT.

Mes amis, du courage
Le souffle du Seigneur a dissipé l'orage.

BÈZE.

Vos vêtements sont teints, non du sang des taureaux,
Ni du jus du pressoir, mais du sang des bourreaux,
Des ennemis du Christ, des fils de l'Idumée...
(*Tous répètent ce vers*)
Gloire aux chefs, aux soldats de notre sainte armée !
Leurs arcs étaient tendus, leurs voix comme la mer
Mugissaient en courroux ; mais Dieu tonne, et dans l'air
L'ange exterminateur a fait briller son glaive ;
L'aurore d'un beau jour pour Israël se lève.
Ne voyez-vous pas fuir leurs bataillons épars ?

Roulez, eaux du Jourdain, leurs coursiers et leurs chars;
O mer, sur leurs débris referme tes abîmes;
Enfer, dans tes brasiers dévore ces victimes;
Terre, engloutis soudain, à la voix d'Aaron,
Ces enfants de Coré, de Dathan, d'Abiron!

SCÈNE VIII

LES MÊMES, POLTROT, *blessé soutenu par deux soldats.*

CHATILLON.

Quel est ce prisonnier?

PREMIER SOLDAT.

Un traître à la patrie.

DEUXIÈME SOLDAT.

A mort!

DANDELOT.

Dieu! c'est Poltrot. (*Aux soldats*) Calmez cette furie.
C'est Poltrot, notre espoir, le sauveur de l'Etat.

TROISIÈME SOLDAT.

Il est teint de mon sang.

QUATRIÈME SOLDAT,

Punissons l'apostat.

(*Des soldats tirent leurs épées et menaçants s'approchent de Poltrot demi-évanoui*).

POLTROT

Mes amis... écoutez...

PREMIER SOLDAT.

Il portait, le parjure,
L'étendard du tyran.

DANDELOT.

Mais je vous en conjure,
Soldats, entendez-moi.

PREMIER SOLDAT.

Mort au nouvel Achab !

DEUXIÈME SOLDAT.

Mort au lâche.

DANDELOT.

Arrêtez.

DEUXIÈME SOLDAT.

Mort au fils de Moab.

POLTROT, *d'une voix étouffée.*

Ciel !

QUATRIÈME SOLDAT.

Périsse Poltrot !

PREMIER SOLDAT.

Par le fer !

DEUXIÈME SOLDAT.

Dans la flamme !

DANDELOT.

Mais je réponds de lui, devant Dieu, sur mon âme :
Car tout ce qu'il a fait il l'a fait à ma voix.
Un ministre orgueilleux nous courbe sous ses lois,
Il a juré sa mort, mais n'a pu l'entreprendre
Qu'en se donnant à Guise, et feignant de se vendre.

Ce brave jusque-là devait dissimuler
Pour tromper Goliath et pour nous l'immoler.

PREMIER SOLDAT.

Est-il vrai ?

DANDELOT.

Je l'affirme.

POLTROT, *se ranimant par degrés.*

Et pourtant je mérite
Qu'Orléans indigné contre Poltrot s'irrite :
Non, je ne devais pas accepter contre vous
De porter avec eux de sacrilèges coups.
Deux fois j'en fais l'aveu, mon cœur pusillanime
Aurait pu sûrement égorger la victime ;
Deux fois il n'osa point, il faillit au devoir.

BÈZE.

C'était trahir deux fois.

CHATILLON.

On l'aurait dû prévoir.

DANDELOT.

Hélas !

BÈZE.

Puisque ton cœur aisément se consterne,
Fallait-il te charger de la mort d'Holopherne ?
Une femme autrefois le jura, l'accomplit,
Et ton âme vénale au premier pas faiblit !

CHATILLON.

Quand d'acier froid et dur elle sera trempée
Tu seras digne alors de porter une épée.

BÈZE.

Enlevez-lui cette arme, et qu'il apprenne enfin
Que pour suivre avec nous la foi du grand Calvin,
Il faut, quand Dieu le veut, noblement sanguinaire,
Plonger son glaive entier dans le cœur de son frère.

POLTROT.

O honte!

DANDELOT.,

Ne crains rien : ce torrent va passer.

BÈZE.

C'est un nouveau Judas ; il faut le remplacer.
Les bras manqueraient-ils au devoir qu'il abjure ?

PREMIER SOLDAT.

Non.

DEUXIÈME SOLDAT.

Non.

BÈZE.

Qui prend ici la place du parjure?

PREMIER SOLDAT.

Moi.

DEUXIÈME SOLDAT.

Moi.

TROISIÈME SOLDAT.

Nous tous.

BÈZE, *au troisième.*

Approche, ami, ton bras est fort?

TROISIÈME SOLDAT.

A l'écuyer de Guise il a donné la mort.

BÈZE, *au 2e soldat.*

Et toi ?

DEUXIÈME SOLDAT.

J'ai sur la brèche immolé trois papistes.

PREMIER SOLDAT.

Et moi quatre.

BÈZE.

Ceux-là sont de vrais Calvinistes,
Vrais soldats de l'Église et de la liberté.

CHATILLON.

Qu'ils remplacent le lâche.

BÈZE.

Ils l'ont bien mérité.

DANDELOT, *bas à Poltrot.*

Parle.

POLTROT.

Non, mes amis, je ne suis point un lâche.
Ne me ravissez pas ma glorieuse tâche.
Un instant j'ai failli, mais Dieu me soutiendra ;
Dans le sang du tyran mon bras se plongera.
Ma blessure est légère et mes forces renaissent.
Plus vivants à mes yeux mes serments reparaissent ;
Je veux les accomplir. Jetez-moi dans un champ,
Dehors. On me prendra pour me porter au camp.
Je sais tous les chemins et puis mieux que personne
Par ce pieux forfait mériter la couronne ;
Oui, je dois le premier pour l'Église mourir ;
Vous viendrez sur mes pas me venger ou périr.

BÈZE.

Ton discours est sincère ?

POLTROT.

Oui.

CHATILLON.

Qui nous en assure ?

POLTROT.

Par quels serments sacrés faut-il que je le jure ?

DANDELOT.

Croyez en ses remords.

POLTROT.

Ah ! comptez sur mon cœur.

BÈZE.

Qu'il meure cette fois ou qu'il revienne vainqueur.

POLTROT.

Je le veux.

CHATILLON.

Sans retard. Hâtons le coup.

POLTROT.

J'atteste

Ce qu'a de plus affreux la colère céleste,
Que le prochain soleil ne se couchera pas
Sans voir expirer Guise ou sans voir mon trépas.

BÈZE, *solennellement.*

Poltrot, le Dieu terrible a reçu ta promesse.
Ton glaive t'est rendu. Mais frappe, le temps presse
Si de son ennemi tu délivres la foi,
Judith pour Israël aura moins fait que toi ;
Si tu meures, gloire à Dieu ! le ciel est ton partage !
Ta mémoire est bénie, et ton nom d'âge en âge,

De la postérité remplissant les échos,
Sera le nom d'un saint, d'un martyr, d'un héros. (1)

CHŒUR.

Les Huguenots. Meyerbeer (Acte IV. Paroles de l'Opéra.)

TROIS MINISTRES

Gloire au Dieu vengeur !
Gloire au guerrier fidèle
Dont le glaive étincèle
Pour servir le Seigneur.
Glaives pieux, saintes épées,
Qui dans un sang impur serez bientôt trempées,
Vous par qui le Très-Haut frappe ses ennemis,
Poignards sacrés, par nous soyez bénis !

CHŒUR.

Oui, gloire au Dieu vengeur,
Gloire au guerrier fidèle,
Dont le glaive étincelle
Pour servir le Seigneur !

BÈZE.

Que ces poignards sanglants, que ces crêpes funèbres,
Du ciel distinguent les élus.

LES TROIS MINISTRES.

Ni grâce ni pitié ! frappez dans les ténèbres
Ces monstres orgueilleux, ces princes trop célèbres,

(1) Voyez la *Chanson d'Adventuriers huguenots,* dédiée à Poltrot, le 24 février 1566, de la délivrance, l'an 3e; le *Chant victorieux en l'honneur de Poltrot; Adriani Turnæbi Poltrotus Merœus,* et autres, cités par P. de l'Estoile ou Lestoile, dans son journal (col. Michaud, 2e série, I, page 17). La mémoire de ce scélérat fut déclarée sainte par le *Réveil-Matin.*

Et le père et l'enfant à vos pieds abattus.
Ni grâce, ni pitié ! que votre main détruise
L'orgueilleuse maison des Joinville et des Guise.
Anathème sur eux ! Dieu ne les connaît plus.

CHŒUR.

Dieu le veut, Dieu l'ordonne :
Amis, que leur glas sonne.
A ce prix Il pardonne
Au pécheur repentant.
Que le ciel étincèle,
Et la palme immortelle
Dans le ciel nous attend.

BÈZE.

Jurons tous
Aux pieds de la Trinité sainte.
Mes amis, à genoux !

CHŒUR.

Pour cette cause sainte
J'obéirai sans crainte ;
Pour mon Dieu, pour sa loi,
Comptez sur mon courage :
Entre vos mains j'engage
Mes serments et ma foi.

(*Reprise du chœur général*).

ACTE TROISIÈME

Une salle du château de Corney.

SCÈNE PREMIÈRE

POLTROT, *seul.*

Il viendra dans ces lieux avant la conférence (1),
Dicter en souverain ses ordres à la France.
Vais-je saisir enfin le moment de frapper ?
Guise encore une fois pourrait-il m'échapper ?
O rage !

(*Il réfléchit*).

S'il arrive escorté de sa garde !...
Si le cœur me défaille ainsi qu'à Bonnegarde,
Quand déjà sur sa tête il levait le poignard
Et que Guise, à deux pas, l'arrêta du regard !...
Faisons mieux ; unissons la ruse à la vaillance,

(1) Les motifs de Poltrot sont bien exposés dans ses dépositions.
V. Response à l'interrogatoire. (*loc. cit.*)

Caressons l'ennemi, flattons sa confiance...

(*Frappé d'une idée subite*).

O lumière ! — Inventons un mensonge béni :
Proposons au tyran la mort de Coligny.

(*Ironique d'abord et s'animant par degrés*).

Ah ! je crois voir déjà les transports de son âme.
Ebloui tout d'abord, il s'exalte et s'enflamme ;
L'espoir de ce grand coup l'enfle d'un fol orgueil ;
Contemplant en esprit son rival au cercueil,
Surpris, émerveillé de mon heureuse audace,
Guise m'ouvre ses bras, il m'attire, il m'embrasse ;
Mais c'est où je l'attends, et mon poignard vainqueur
Dans cet embrassement saura trouver son cœur.

(*Un silence*).

Hélas ! au fond du mien quelle pitié murmure !...
Pourtant... Cet homme est grand...

(*Nouveau silence*).

Tais-toi, faible nature !
Tais-toi, coupable doute en mon âme égaré !
Cet homme est un despote... — Et puis je l'ai juré.
Si je trahis mon vœu, si j'épargne ma proie,
Dandelot me maudit, le Très-Haut me foudroie.
Lui-même en traits de feu l'a gravé dans sa loi :
« Qui ne hait point son père est indigne de moi. » —
En descendant des cieux il apporte à la terre
Non l'olivier de paix, mais le glaive, la guerre ;
On lui doit immoler amis, frères, parents.
Et la main tremblerait à frapper les tyrans ! —
On vient. —

SCÈNE II

POLTROT, GUISE, HENRI.

GUISE.

C'est toi, Poltrot? — Que je te félicite!

POLTROT.

Monseigneur...

GUISE.

Oui, témoin de ta noble conduite
Je t'admirais hier, quand, seul sur le rempart,
De Charles triomphant tu plantais l'étendard.
Je veux récompenser cette ardeur généreuse.
(Il lui présente un pistolet.)
Tu vois cette arme? Elle est de trempe vigoureuse,
On y met sans danger trois balles à la fois.

POLTROT.

Une seule suffit à des tireurs adroits.
Avec un pistolet, je le dis sans jactance,
J'atteins un homme au cœur à vingt pas de distance.

HENRI.

A merveille.

GUISE.

Eh bien! prends; garde ce souvenir.

POLTROT *reçoit le pistolet sans mot dire et paraît hésiter un instant, pendant que Guise se rend à une table et écrit quelques mots. — Avec exaltation.*

J'en ferai l'instrument d'un sublime avenir.

HENRI, *à part.*

Quels accents! quels regards!

POLTROT, *se parlant à lui-même.*

O Dieu, sauve la France!
Au milieu de ses maux, je garde une espérance,
Et cette arme, Seigneur, me la donne aujourd'hui.

HENRI.

Comment donc?

POLTROT, *s'absorbant dans sa pensée.*

Des méchants un seul homme est l'appui.
Souveraine autrefois, si la France est esclave,
Si le volcan du peuple a soulevé sa lave,
Si notre gloire est morte et nos lauriers flétris,
Si le fer nuit et jour pèse à nos bras meurtris,
Un brave, un général, un prince en est la cause...

HENRI. (*à part*)

Cet étrange rêveur médite quelque chose.
(*A Poltrot*).
De qui veux-tu parler?

POLTROT.

Vous ne devinez pas?
Il décide aux conseils, il commande aux combats;
C'est un grand capitaine, un politique sage,
Mais un tyran!
(*Pendant ces derniers mots, Poltrot s'est approché comme pour le frapper. Au dernier mot, il lève son poignard*).

HENRI *à Guise, en intervenant.*

Mon père, écoutez son langage.

GUISE, *relevant la tête.*

Eh bien!

POLTROT, *(à part) s'éloignant.*

Trop tard!... *(haut)* Bientôt tout peut être fini
Si vous m'ordonnez...

GUISE.

Quoi ?

POLTROT.

D'immoler Coligny.

GUISE, *se levant à demi.*

Ai-je bien entendu ?

POLTROT.

Seigneur...

HENRI.

Le misérable!

GUISE.

Moi, t'ordonner... Vraiment ? tu m'en as cru capable ?

POLTROT.

N'est-il pas quelque gloire à former ce dessein ?

HENRI.

Jamais elle n'éclaire un poignard assassin.

GUISE.

Elle aime le grand jour, elle est sœur de l'audace,
Elle affronte un rival au soleil, face à face;
Quand le meurtre dans l'ombre aiguise son stylet
Ou derrière un buisson cache son pistolet...

POLTROT.

Mais au pays, à Dieu, si le meurtre est utile;
Si frappant un seul homme on en doit sauver mille...

GUISE.

Voilà bien les leçons de leurs nouveaux docteurs,
Du crime profitable hypocrites fauteurs !
Laisse à tes Huguenots ce dogme fanatique :
On ne sert point ainsi le drapeau catholique,
Appeler les forfaits au secours de la foi,
Est indigne de Dieu, de la France et de moi.

(*A Henri.*)

Rappelle-toi, mon fils, que jamais nos ancêtres
N'ont daigné consentir à soudoyer des traîtres.

(*A Poltrot.*)

Pour toi, je t'ai donné cette arme avec bonheur ;
Mais si tu t'en servais ailleurs qu'au champ d'honneur,
Dès lors, te méprisant du plus profond de l'âme,
Je te livre au bourreau comme un lâche, un infâme.
Tu m'entends. Laisse-nous.

POLTROT, *à part.*

Ciel ! je m'étais trompé.

(*Il sort.*)

SCÈNE III

GUISE, HENRI.

HENRI.

D'un invincible effroi je demeure frappé.

GUISE.

Pourquoi ?

HENRI.

De ce Poltrot, défiez-vous, mon père.
Il vous trahira.

GUISE.

Lui !

HENRI.

Cet homme est un mystère.
Tandis que pour un autre il feignait le courroux,
Son œil étincelant ne menaçait que vous.
Je l'ai vu.

GUISE.

Mais hier il m'a prouvé son zèle.
Et...

(*Entre le roi.*)

SCÈNE IV

LES MÊMES, LE ROI.

HENRI.

Le roi !

GUISE.

Quoi ! vous, Sire !

LE ROI.

Une étrange nouvelle,
Mon cousin.

GUISE.

Qu'est-ce donc ?

LE ROI.

On dit qu'un inconnu
Pour vous donner la mort ici même est venu.

GUISE.

A Corney ! qui le dit ?

LE ROI.

C'est un bruit dans l'armée.

HENRI.

Ah ! Sire, secondez ma tendresse alarmée !

LE ROI.

Comment ?

HENRI.

Forcez mon père à se mieux protéger.

GUISE.

Le Seigneur jusqu'ici me sauva du danger ;
Mais si dans ses conseils une heureuse victime
De la rébellion doit balancer le crime,
Si la France malade à ce prix doit guérir,
Pour la France et pour vous je suis prêt à mourir.

LE ROI.

Cher duc.

GUISE.

Et vous daignez me prévenir vous-même !
Sire, que de bonté !

LE ROI.

Mon cousin, je vous aime.
Privés de votre bras que deviendrions-nous ?
Que seraient Charles IX et sa mère sans vous !

Prenez soin de vos jours, c'est le roi qui l'ordonne,
Et sauvez-nous.

GUISE.

Dieu seul peut sauver la couronne.
Il ne permettra pas qu'un parti révolté
Captive après son char traîne la royauté,
Ni que la nation qui courut la première
De son Verbe fait homme adorer la lumière,
Voie un prince infidèle, héritier de ses lis,
Déshonorer Louis IX, Charlemagne et Clovis.

LE ROI.

Le ciel de cet affront garde le diadème !

GUISE.

Eh ! Sire, travaillez à l'en garder vous-même.

LE ROI.

Sans doute ; je le veux ; j'y songerai... plus tard.

HENRI.

Plus tard !

GUISE.

Mais le temps presse. Apprenez le grand art
Par où les rois chrétiens...

LE ROI.

Vous oubliez ma mère,
Elle est régente encore. Aussi que puis-je faire ?
Elle me dit souvent : « C'est à toi de régner,
De porter la couronne, à moi de gouverner. »
(*En riant*).
Vous ne l'aimez pas, duc.

GUISE.

Moi ! — je porte à la reine
Tout l'honneur qu'un sujet doit à sa souveraine.
Mais quoi ! de la régente ai-je lésé les droits,
Sire, en vous suppliant d'apprendre l'art des rois ?
Car vous devez bientôt, comme un pilote habile,
Tenir le gouvernail sur l'Océan mobile.
Que de périls à fuir, de maux à réparer !
De bonne heure à la tâche il vous faut préparer.
Tenez, aujourd'hui même en cette conférence
Va-t-on régler sans vous le destin de la France ?

LE ROI.

Aujourd'hui ? Quel destin ?

GUISE.

N'avez-vous pas mandé
Les deux ambassadeurs, Montmorency, Condé ?

LE ROI.

C'est vrai : je l'oubliais... mais que puis-je leur dire ?
J'allais courre le cerf, et je croyais...

GUISE.

Oh ! Sire,
Vous réclamiez hier votre part des combats :
A vos autres devoirs ne vous dérobez pas.

(*Il met un genou en terre*).

Votre France à genoux par ma voix vous implore.

LE ROI *le relevant.*

Le jour n'est pas venu de gouverner encore.

GUISE.

Mais du moins regardez, écoutez : croyez-moi,
Connaissez au plus tôt votre métier de roi.

Dominant du plaisir l'enchaînement funeste,
Sachez...

LE ROI, *avec une bouderie aimable.*

Allons, Henri, point de chasse; je reste,
Monsieur l'ordonne; il faut lui complaire aujourd'hui.
(*A Guise*).
Obtiendrai-je en retour qu'il veille mieux sur lui?

GUISE, *baisant la main du roi.*

Sire!

LE ROI.

Je serai roi.

GUISE.

Puissiez-vous toujours l'être!

LE ROI, *s'éloignant.*

Henri vient-il? (*Sur un signe de Guise, Henri suit le roi.*)

LE ROI, *à Guise.*

Adieu.

SCÈNE V

GUISE, *seul, puis* ROSTAING.

Charles, mon jeune maître,
Dans ton cœur né royal quelles mains ont jeté
Ce goût de l'indolence et de l'oisiveté?
Hélas! ils disent tous que ma sourde influence,
Pour régner sous ton nom prolonge ton enfance
Que pour moi de l'État sacrifiant l'espoir,
Je façonne ton âme à l'horreur du devoir.

D'autres soupçonnent plus... Et pourtant je n'aspire
Qu'à te voir prendre seul les rênes de l'empire.
A ma vieillesse alors le repos accordé,
Ta gloire, ton bonheur...

ROSTAING, *annonçant.*

Le prince de Condé.

(*Rostaing sort*).

SCÈNE VI

GUISE, CONDÉ.

CONDÉ, *à part.*

Comment! cet homme encore à mes regards se montre!

GUISE, *le saluant, après un instant d'hésitation.*

Prince,...

CONDÉ, *d'un ton sec.*

J'attendais peu l'honneur de la rencontre.
Avec Montmorency je dois m'entretenir. (*Il s'assied*).

GUISE.

Sans doute, avec lui seul. — Mais puisqu'il va venir,
Votre Altesse a, je pense, un cœur trop équitable
Pour m'empêcher de voir notre vieux connétable
Et de dire à ce frère en lui tendant la main :
« Vos fers vont se briser ; soyez libre demain. »

CONDÉ, *railleur.*

Et puis il faut donner ses ordres par soi-même.
Vous savez seul du roi la volonté suprême,

Et nos ambassadeurs sont de petits garçons
Qui doivent mot pour mot redire vos leçons.

GUISE.

Les ministres, seigneur, sont soumis à la reine.
Elle seule commande et juge en souveraine,
Et nos ambassadeurs exécutent la loi
Que porte la régente au nom du jeune roi.

CONDÉ, *nonchalamment.*

Le jeune roi voyage; il travaille... à la chasse;
Pendant qu'il est absent un autre le remplace.

GUISE, *légèrement ému.*

Et qui donc a le droit de monter à ce rang,
De trancher du monarque? Est-ce un prince du sang?

CONDÉ, *ironique.*

Non, pas même. (*Il se lève*).
Tenez; expliquons-nous, mon maître.
Souhaitez-vous la paix ?

GUISE.

Vous en doutez.

CONDÉ.

Peut-être.

GUISE, *à part.*

O mon Dieu!

CONDÉ.

Je prétends m'en convaincre en ce jour.

GUISE.

Quel gage vous faut-il ?

CONDÉ.

Un seul : quittez la cour.
Voilà mon dernier mot. Tant que, plein d'arrogance,
Un Guise, un étranger gouvernera la France,
Entre les deux partis il n'est point de traité.

GUISE.

Fallait-il donc descendre à cette indignité ?
Trois ans déjà passés, quand, chassant la tempête
Dont l'arrêt de la cour menaçait votre tête,
Pour vous, pour vos amis me portant caution,
D'Amboise j'étouffais la conjuration ;
Lorsque je vous offrais de partager naguère
Ma tente et mon sommeil, je ne m'attendais guère
Que vous prodigueriez l'outrage à mon blason.
— Mais je préfère encor la France à ma maison. —
Hé bien ! pour enlever tout prétexte à la guerre,
Je veux vivre sans bruit comme un seigneur vulgaire ;
J'abandonne la cour ; mais j'exige en partant
Qu'il n'y rentre jamais un prince protestant.

CONDÉ, *ironique*.

Vous exigez, beau sire !... et vous croyez sans doute...
Vraiment, je crains qu'ici le roi ne vous écoute.
Partez, Monsieur, partez : nous songerons à nous.

GUISE.

Vous le voyez, la paix ne dépend que de vous.
Dès demain, s'il vous plaît, au fond de mes provinces
J'irai chercher l'exil.

CONDÉ.

En exilant six princes.
Vous êtes généreux, on ne peut le nier. —
Mais voici Dandelot avec son prisonnier.

SCÈNE VII

GUISE, CONDÉ, MONTMORENCY, DANDELOT.

CONDÉ.

Bonjour, Montmorency.

GUISE.

Salut, cher connétable.

MONTMORENCY, *serrant la main de Guise.*

J'ai donc encore au monde un ami véritable.

CONDÉ.

Vous n'étiez pas toujours si tendrement unis.

GUISE, *à Condé.*

Prince, entre bons chrétiens, tous griefs sont bannis.

(*Il attire Montmorency dans un coin du théâtre et lui présente un papier.*)

Voici ce qu'en deux mots je crois pouvoir admettre :
Je vous l'avais écrit, seigneur dans cette lettre.

(*Montmorency lit la note, et discute à voix basse avec Guise, tandis que Dandelot attire Condé à l'autre bout du théâtre.*)

CONDÉ, *observant Guise.*

Il lui dicte sa loi.

DANDELOT, *bas à Condé.*

Mais la main de Jahel
Va frapper le despote et sauver Israël.
Le Guise va périr.

CONDÉ, *bas à Dandelot.*

Que dites-vous ? Un crime...?

DANDELOT, *bas à Condé.*

Immoler un tyran c'est un acte sublime.

CONDÉ, *bas à Dandelot.*

C'est un assassinat.

DANDELOT, *bas à Condé.*

Tous nos ministres saints,
Calvin, Bèze, Bucer approuvent nos desseins.

CONDÉ, *bas à Dandelot.*

Coligny ?

DANDELOT, *bas à Condé.*

Coligny ! (1) lisez donc les paroles
Qu'il adresse à Poltrot avec trente pistoles.

(*Condé lit la lettre.*)

(1) La complicité de Coligny est notoire. 1° Poltrot, dans ses dépositions (*loc. cit.*), raconte que le sieur de Châtillon (Coligny) lui avait dit, à Orléans, qu'il ferait, en tuant Guise, la chose la plus belle et la plus honorable du monde... qu'à l'instant survint Thédore de Bèze et autre ministre protestant portant barbe noire, lesquels lui dirent qu'il serait le plus heureux des hommes s'il voulait exécuter l'entreprise dont M. l'admiral luy avait tenu propos, parce qu'il osterait un tyran de ce monde, par lequel acte il gaignerait paradis ; et luy dirent, les dits ministres, qu'il n'estait pas le seul qui avait fait de telles entreprises, et même le dit seigneur de Châtillon luy dist qu'il avait plus de cinquante autres gentilshommes de bon lieu qui luy avaient promis de mettre à effect autres semblables entreprises, et luy feit à l'instant bailler vingt escus par son argentier.

V., de plus, *Mém. de Condé*, t. IV.

2° La seconde preuve est tirée de la réponse même de l'amiral, réponse bien froide, dit Pasquier. — Il y admet : 1° qu'il a connu Poltrot; 2° que celui-ci lui a proposé de tuer

MONTMORENCY, *rendant à Guise sa note.*

Je comprends.

GUISE, *bas à Montmorency.*

Ainsi donc les Allemands chassés,
Du Havre par Condé les Anglais expulsés:
C'est votre avis?

MONTMORENCY, *bas à Guise.*

Fort bien.

CONDÉ, *rendant à Dandelot la lettre de Coligny.*

Moi, je n'y puis souscrire.

DANDELOT, *bas à Condé.*

Ne nous trahissez pas au moins — je me retire (*Il sort*).

GUISE, *à Montmorency.*

J'ai reçu des renforts, trente nouveaux canons.
Qu'on refuse Orléans, demain nous le prenons.

CONDÉ, *se parlant à lui-même.*

Non, je n'admettrai pas une action si noire:
Ce meurtre à tout jamais souillera notre histoire.

le duc de Guise; 3° qu'il lui a donné de l'argent et un cheval d'Espagne; 4° qu'il applaudit au résultat.

(V. cette Response, *loc. cit.*)

3° Tout le monde le jugea ainsi au moment où la réponse parut; « toutes personnes qui virent et lurent la ditte justification » jugèrent le dit sieur être coupable de la ditte mort, parce que les responses qu'il faisait aux accusations n'estaient si pertinentes qu'estaient icelles accusations.

(*Mém. de Claude Hatton*, 1563. — *Documents inédits*, p. 363.)

4° Les *Mémoires de Tavannes, loc. cit.*, p. 273; ceux de Castelnau, p. 487; Prosper de Sainte-Croix, dans sa 37° lettre, dans la collection des *Archives curieuses*, le déposent.

Quant à Condé, Poltrot ne l'accusa jamais et le disculpa toujours.

GUISE, *se disposant à sortir, à Condé.*

Puisse la paix fleurir, grâce à votre concours,
Monseigneur !

CONDÉ, *comme obéissant à une résolution subite.*

Un mot, duc. — On en veut à vos jours.

GUISE.

Qu'entends-je ?

CONDÉ.

Cet avis, c'est moi qui vous le donne.

MONTMORENCY, *à Condé.*

Ah ! je vous connais là !

CONDÉ, *à Guise.*

Peut-être il vous étonne ;
Car je vous hais, Monsieur, vous le savez trop bien.
Mais, en vous haïssant, je demeure chrétien,
Français, chevalier, prince ; et mon âme ravie
De pouvoir en champ clos vous disputer la vie,
Dans ses ressentiments aurait trop à souffrir,
Si de la main d'un lâche il vous fallait mourir.
Veillez.

MONTMORENCY.

Par la croix sainte, il est du sang de France !

GUISE, *s'avançant vers Condé en lui tendant les mains.*

Prince !

CONDÉ.

Arrêtez, monsieur : point de reconnaissance,
Car je vous hais.

GUISE, *d'abord affligé, puis se redressant avec noblesse.*

Et moi, je vous aime, seigneur.
Si le ressentiment vient effleurer mon cœur,

Ce cœur à l'écarter loyalement s'applique,
Car je suis chevalier, français et catholique.
Adieu. (*Il sort*).

MONTMORENCY.

Le ciel le garde ! *Entre l'Hôpital*).

SCÈNE VIII

CONDÉ, MONTMORENCY, L'HOPITAL (1).

CONDÉ.

Eh ! bonjour, chancelier.

MONTMORENCY.

Avec nous à la paix venez-vous travailler ?

L'HOPITAL.

Le roi viendra lui-même.

CONDÉ

Ah !

MONTMORENCY.

J'en ai grande joie.

L'HOPITAL.

D'avance auprès de vous Sa Majesté m'envoie.

MONTMORENCY, *s'asseyant.*

Parlons donc en amis, prince.

(1) Condé et Montmorency eurent de vifs débats. (René de Bouillé, *Hist. de Guise*, t. II, p. 299.)

CONDÉ, *posément et avec fierté.*

Il y a trois ans,
Quand vous êtes entré vainqueur dans Orléans,
Jaloux de terminer nos douleurs et nos haines,
Sous les yeux du tyran, vous m'enleviez mes chaînes.
Vous étiez notre ami, connétable, en ces jours.
Mais vous avez changé de camp et de discours,
Et je n'ai pas appris sans honte et sans surprise
Que l'oncle de Condé fût esclave des Guise.
Vous en souvient-il bien?

MONTMORENCY.

Prince, il y a cent ans,
L'Anglais vint assiéger les remparts d'Orléans.
Nos ancêtres alors, sous Dunois et Xaintrailles,
Guidés par Jeanne d'Arc, ont sauvé ces murailles.
Mais je n'ai pas appris sans honte et sans terreur
Qu'aveuglés contre nous par le schisme et l'erreur,
Parricides enfants de la France, leur mère,
Mes neveux ont livré Le Havre à l'Angleterre,
Tandis que leur tyran sur ces mêmes Anglais,
Plus grand que Du Guesclin, jadis reprit Calais.
Vous en souvient-il bien?

CONDÉ.

Quand vous servez l'Espagne
Nous pouvons nous unir à la Grande-Bretagne.

MONTMORENCY.

L'Espagne nous défend; nous lui donnons de l'or;
Notre pays, jamais.

CONDÉ.

A quel riche trésor
De l'avide Espagnol empruntez-vous les gages?

Serait-ce au revenu de vos beaux apanages?
Dammartin! un comté!...

MONTMORENCY.

Trêve de vils soupçons.
L'âge est passé pour moi d'entendre vos leçons,
Monsieur, ma tête est blanche, elle n'est pas flétrie;
Et je n'ai pas vendu mon sang et ma patrie.
Si depuis cinquante ans, dans plus de vingt combats,
J'ai bravé sans pâlir les fers et le trépas,
C'est que je savais bien qu'autrefois, à Bouvines,
Mes pères ont payé leurs lis et leurs hermines;
Et je ne voulais pas qu'un fils de tels aïeux,
Regardant leurs portraits eût à baisser les yeux.
Monsieur, je vous souhaite une aussi belle vie.

CONDÉ, *avec nonchalance.*

J'espère n'y voir pas Saint-Quentin ni Pavie.

MONTMORENCY.

Ce n'est pas au succès qu'est mesuré l'honneur.
J'aime mieux un nom pur qu'un scandaleux bonheur.

L'HOPITAL.

Arrêtez...

MONTMORENCY, *avec plus de force.*

J'aime mieux suivre le duc de Guise,
Défendre de mon glaive et le Christ et l'Église,
Pour Dieu, le roi, la France et la postérité,
Que ruiner la foi, saper la royauté,
Sous le masque trompeur d'un plus pur Evangile,
Enseigner la débauche et la guerre civile,
Et venir demander compte de leur valeur
A ceux qui de leur sang ont payé leur malheur.
En déchirant l'État...

L'HOPITAL.

De grâce, connétable.

CONDÉ, *ironique*, *à L'Hôpital.*

On reconnaît l'Eglise à ce ton charitable.
(*A Montmorency.*)
Quand vous me gourmandiez, sévère inquisiteur,
J'ai pu de son orgueil mesurer la hauteur.

MONTMORENCY.

Eh quoi! quand vous venez insulter à ma gloire,
M'arracher mes aïeux, mon pays, mon histoire,
Quinze siècles de foi, mon Eglise et mon Dieu,
Je prendrais en riant vos discours pour un jeu!
Oui, je le sais déjà, pour votre âme sceptique,
Qu'importe que je sois athée ou catholique.
Vous vivez de plaisir, vous ne cherchez que vous;
Dieu ne vous voit jamais l'adorer à genoux.
Pour moi je suis moins fort : je crois à ses miracles,
De ceux qu'il envoya j'écoute les oracles,
Et j'aime de la foi le céleste flambeau.
Pour éclairer mes pas sur le bord du tombeau.

CONDÉ.

Vous m'outragez.

MONTMORENCY.

C'est moi qui repousse l'outrage.

CONDÉ, *se levant.*

C'en est trop.

L'HOPITAL.

Mes seigneurs, apaisez cet orage.
Vous n'êtes pas venus vider vos différends;

Vous êtes tous les deux captifs, amis, parents;
Vous désirez du peuple adoucir la souffrance,
Rendre la liberté, l'union à la France :
N'est-il pas vrai, seigneurs?

MONTMORENCY.

Oui, la vraie unité,
Et l'ordre!

CONDÉ.

La grandeur avec la liberté.

L'HOPITAL.

Entre nous, connétable, étouffons la dispute,
Ensemble préparons une plus noble lutte :
Il faut chasser l'Anglais.

MONTMORENCY.

Oui.

L'HOPITAL.

S'ils sont repentants.
Rendons leurs biens, leurs droits, aux Français protestants.

MONTMORENCY.

Quels droits, quels biens?

CONDÉ.

Le droit de vivre sans alarmes,
De prier à leur mode...

MONTMORENCY.

Et de garder leurs armes?

CONDÉ.

Et n'est-il plus permis de défendre sa foi?

MONTMORENCY.

La foi vous interdit de combattre le roi.

CONDÉ.

Nous voulons l'arracher à de trop lourdes chaînes.

L'HOPITAL.

Pourquoi tant redouter cet objet de vos haines?
Si vous réunissiez vos trésors et vos vœux,
De Guise qu'avez-vous à craindre tous les deux?
Tout vous est assuré : vous obtenez sans peine
(*A Condé*)
Vous les premiers honneurs en France après la reine,
(*A Montmorency*)
Et vous, pour votre fils, la garde du palais.

MONTMORENCY, *à L'Hôpital.*

On peut avec de l'or acheter un Anglais;
Mais un Montmorency n'a jamais su se vendre.
(*A Condé*)
Si vous voulez la paix, eh bien! venez reprendre
Avec vos Huguenots et Le Havre et Rouen.

CONDÉ.

Et vous de votre main détrônez le tyran.

MONTMORENCY, *à part.*

Folle haine.

UN HUISSIER ANNONÇANT.

Le roi!

SCÈNE IX

LES MÊMES, LE ROI.

MONTMORENCY.

Venez, Sire.

LE ROI.

Ma mère,
Chers cousins, ne veut pas une trêve éphémère,
Mais une paix durable. (*On s'assied.*)

CONDÉ.

Il faut donc s'accorder.

MONTMORENCY.

Il faut donc à sa voix obéir et céder.

CONDÉ.

J'obéis comme un homme et non comme un cadavre ;
Et peut-on me forcer à m'emparer du Havre
Sur ceux-là même auxquels j'en ai livré l'accès?

MONTMORENCY.

Ainsi vous préférez les Anglais aux Français?

CONDÉ.

Je préfère l'honneur, Monsieur le connétable.

LE ROI.

L'honneur de la patrie ?

CONDÉ.

Oui, l'honneur véritable.

MONTMORENCY.

Chassez donc l'étranger.

CONDÉ.

Chassez vos souverains.

LE ROI.

Comment ? Expliquez-vous.

CONDÉ.

Chassez les rois Lorrains.

LE ROI, *se levant. Tous se lèvent.*

Condé, saurais-tu dire où, devant qui tu parles ?

CONDÉ.

Dans la cour du roi Guise, à mon futur roi Charles.

LE ROI.

Insolent! (*Entre Tavannes.*)

SCÈNE X

LES MÊMES, TAVANNES.

TAVANNES.

Trahison !

LE ROI.

Quoi donc ?

TAVANNES.

Un attentat

Horrible !

MONTMORENCY.

Mais lequel?

CONDÉ.

Parlez...

TAVANNES.

Un apostat

Vient d'assassiner Guise.

MONTMORENCY.

Oh! malheur à la France!

CONDÉ.

Honte à ses meurtriers!

LE ROI.

A-t-on quelque espérance

De conserver ses jours, Tavanne?

TAVANNES.

Il vit encor,

Mais nous perdrons bientôt ce précieux trésor.

L'HOPITAL.

Où porte-t-on le duc?

TAVANNES.

Ici, sur une claie;

Un chirurgien du camp a pu bander sa plaie.

CONDÉ.

Mais où l'a-t-on frappé?

TAVANNES.

Vous savez le chemin

(1) Ce récit, ainsi que le discours de Guise, sont authentiques.

(V. la Lettre de l'évesque de Riez au Roy, 1563, — *Archives curieuses*, 1re série, t. V.)

Qui mène au carrefour de la croix Saint-Mesmin.
Là deux noyers touffus tiennent entrelacées
Les ronces d'un hallier par un lierre embrassées.
Le duc, avec Rostaing, près des buissons épais
S'avançait lentement; il parlait de la paix,
De l'avenir du roi, du bonheur de la France ;
Il espérait beaucoup de votre conférence.
Soudain nous entendons un coup de feu partir
Et nous voyons Poltrot de ce taillis sortir,
S'élancer lestement sur un cheval d'Espagne,
Piquer des deux et fuir à travers la campagne.
Le duc sur son coursier gisait : « Voici longtemps,
Dit-il à demi-voix, qu'à ce coup je m'attends. »

MONTMORENCY.

Il les connaissait bien.

CONDÉ.

Quant à moi, je déclare
Que ce meurtre est un fait lâche, indigne, barbare,
Qu'ici même tantôt je l'avais averti.

MONTMORENCY, *à Condé.*

Vous n'en laverez pas, Monsieur, votre parti.
(*Condé baisse la tête.*)

TAVANNES, *voyant entrer Guise.*

Ah ! le voici.

SCÈNE XI

LES MÊMES, GUISE, *soutenu par deux* SOLDATS, ROSTAING, OFFICIERS, *puis* HENRI *et* AMYOT.

LE ROI, *allant au-devant du blessé.*

Mon Dieu !

GUISE.

Sire... cher connétable,
Vous revoir et mourir !

(On l'assied sur un fauteuil.)

L'HOPITAL.

O forfait détestable !

LE ROI.

Frappé par un sicaire !

MONTMORENCY.

Et loin du champ d'honneur.

CONDÉ.

C'est un crime sans nom, je le hais.

GUISE.

Monseigneur,
De ce lâche attentat vous n'êtes point coupable ;
Mais que de le commettre un Français soit capable,
Quelle honte ! — étouffons tous nos ressentiments
Et joignons pour la paix nos vœux et nos serments.

(Il tend la main à Condé qui la prend. Entrent Henri et Amyot.)

HENRI, *se jetant sur son père.*

Mon père !

AMYOT.

Ah ! les cruels !

GUISE.

Dieu l'a voulu.

AMYOT.

L'infâme !

HENRI.

Mon père !

GUISE.

Cher Henri, ton aspect me rend l'âme,
Je vis en te voyant.

HENRI.

Je vous l'avais prédit,
C'est Poltrot l'apostat, ce monstre, ce bandit.
Dans un cœur vil et bas que la fureur entraîne
Les bienfaits prodigués n'engendrent que la haine.

GUISE.

Pardonne-lui, mon fils.

HENRI.

Ne le demandez pas.

GUISE.

La voix qui te l'ordonne est la voix du trépas.

HENRI, *après un instant d'hésitation.*

J'obéis.

GUISE, *lentement.*

Dis aussi, cher enfant, à ta mère
Qu'elle veille sur toi, sur ton plus jeune frère ;

Et vous de ses bontés soyez reconnaissants.
Grandissez à son ombre, aimables, innocents,
Portant au cœur l'amour de notre sainte Eglise :
C'est le bien le plus grand de la maison de Guise.
Si Dieu veut accorder à tes exploits guerriers
La fortune du temps et ses tristes lauriers,
Songe bien, cher Henri, que la gloire en ce monde
Pâlit comme la fleur et s'enfuit comme l'onde ;
Et, pour te détacher de ses trompeurs appas,
Songe à ce jour des cieux qui ne s'éteindra pas.

(Il a une défaillance, puis se ranime.)

Combattre pour la France était ma seule envie.
Je regrette en mourant de l'avoir mal servie,
De l'avoir défendue avec trop de vigueur
Usant à Valenza d'une juste rigueur ;
Mais, et j'invoque ici le Christ en témoignage,
Vassy fut un combat et non pas un carnage ; (1)

(1) Cette affirmation solennelle de Guise est historique. — De plus, quand on lit avec impartialité les documents contradictoires : 1° Destruction ou saccagement exercé cruellement par le duc de Guyse et sa cohorte en la ville de Vassy, le 1er mars 1562 ; 2° Discours au vray et en abrégé de ce qui est dernièrement advenu à Vassy, passant Monseigneur le duc de Guise ; 3° Discours entier de la persécution et cruauté exercée en la ville de Vassy, par le duc de Guise ; 4° Discours faits dans le Parlement de Paris, par le duc de Guise et le connétable de Montmorency, — il est évident que les Huguenots attaquèrent les gens du duc de Guise ; que celui-ci vint à leur secours, et usa de toute la modération possible, malgré les blessures qu'il reçut ; et que, cependant, dans cette échauffourée, il y eut trois catholiques et dix ou douze huguenots tués. — C'est la conclusion de M. Villemain (*Vie de l'Hôpital*, p. 391).

Et maintenant, après la lecture de ces documents, on peut s'étonner qu'un Français, un historien ait pu écrire, en plein XIXe siècle, ces paroles : « Ceux qui ont vu au visage le duc de Guise (comme moi, dans le dessin Foulon), qui ont présente cette face sinistre et de désespéré, jugeront que cet homme

Nous étions attaqués, je me suis défendu,
Je n'ai fait que venger notre sang répandu.
J'en appelle à l'honneur de nos rivaux eux-mêmes,
Aux témoins qu'on cita devant les cours suprêmes.
J'en appelle surtout à mes braves soldats.
— Cher Tavannes, pour eux je vous serre en mes bras.
Dites-leur bien que Guise, à son heure dernière,
Les bénit, leur demande une courte prière ;
Car ceux qui pour la France ont exposé leurs jours
De leurs dangers communs se souviennent toujours.

LE ROI.

Qu'allons-nous devenir ?

GUISE.

Ne versez point de larmes,
Sire, sur mon trépas : — s'il fait tomber nos armes,
S'il calme nos fureurs, s'il nous donne la paix,
Tous les vœux de mon cœur sont remplis pour jamais.

LE ROI.

Henri de vos vertus a reçu l'héritage,
Vos charges à ma cour deviendront son partage.

GUISE.

Sire, de vos faveurs, vous m'avez accablé ;
Vous voulez que mon fils en soit déjà comblé,
Je vous bénis. (*A Henri*).
Tu vois quelle reconnaissance

perdu, qui n'avait vécu que du succès, dut mourir furieux quand un tel coup lui arrachait la proie des dents, et que la main d'en-haut l'ayant amené là, vainqueur, maître de tout et seul, les autres étant morts, à son tour lui tordait le cou. — (Michelet, *Guerres de religion*, p. 317.)

Les protestants n'ont jamais outragé à ce point la mémoire du grand Guise ; c'est qu'un illustre catholique sera toujours plus exécré par les libres-penseurs que par les protestants.

T'unit en liens d'or aux destins de la France.
Sois digne mon enfant, de ton roi, de ton Dieu...
Je me meurs...

(*Un silence*).

Mes amis, la paix...

(*Nouveau silence*).

La paix... adieu.

(*Henri s'agenouille, cachant son visage contre la main de son père qu'il tient dans les siennes. — Tous se découvrent*).

AMYOT.

Il s'endort...

(*Un silence*).

Voyez tous comment un juste expire...

LE ROI.

Hé bien ! voudriez-vous, Condé, le contredire ?
Il demande la paix... peut-on la refuser ?

CONDÉ.

Au bien que veut le roi je ne puis m'opposer.

L'HOPITAL

Je crois que désormais vous pouvez vous entendre.

MONTMORENCY.

Vous savez à quel prix je consens à me rendre.

HENRI, *avec exaltation.*

La vengeance est à Dieu... souvent sur cette terre
Il prend les instruments de sa juste colère.
Oui, je veux pardonner ; tel fut le testament
D'un père, d'un héros... j'en ai fait le serment.
Mais, ô Dieu, si plus tard, la voix de la vengeance
Fait taire dans nos cœurs celle de la clémence...

Si, la torche à la main, je cherche dans la nuit
Et le bras du sicaire et l'œil qui l'a conduit,
Si leur sang sous mon glaive à gros bouillons ruisselle,
Seigneur ! pardonnez-moi cette ardeur criminelle,
Rejetez-en, mon Dieu, la honte et les malheurs
Sur ceux qui font couler notre sang et nos pleurs.

AMYOT, *le serrant dans ses bras.*

Pauvre enfant, calmez-vous.

MONTMORENCY.

Détournez les orages,
Seigneur, et rendez-nous plus calmes et plus sages.
Au nom du juste mort, accordez-nous la paix,
La foi de nos aïeux, des cœurs vraiment français.
Oui, faites que ce peuple héroïque et prospère
Revienne plus docile à l'Eglise sa mère,
Et de vos intérêts défenseur immortel,
N'ait qu'un Dieu, qu'une loi, qu'un trône et qu'un autel !

FIN

NOTE EXPLICATIVE

Voici le jugement de Pasquier sur Guise : « Ce grand capitaine et guerrier, aimé et haï d'uns et d'autres d'une même balance, accompli certes de plusieurs grandes parties, tant de la fortune que de sa valeur; il fut seigneur fort débonnaire, vaillant et magnanime, prompt à la main quand le besoin le requérait, ne sachant que c'estait de crainte, et néanmoins si attrempé dans toutes ses actions, que jamais la témérité ne lui fit outre-passer les bornes de ce qu'il devait. » (Liv. IV, lettre 20e.)

« François de Lorraine, dit l'historien de Thou, fut, de l'aveu même de ses ennemis, le plus grand homme de son siècle, digne de toutes sortes de louanges, de quelque côté qu'on l'envisage. Son habileté consommée dans la guerre, jointe à un extrême bonheur, et sa rare prudence dans le maniement des affaires, l'auraient fait regarder comme né pour le bonheur et l'ornement de la France, s'il eût vécu dans des temps moins orageux et dans des conjonctures où l'État aurait été mieux gouverné. » (*Histoire universelle.* par J.-A. de Thou. Liv. XXXIV.)

D'un esprit merveilleux, d'une brillante éloquence, habile théologien, très versé dans les lettres, c'était, au dire de l'ambassadeur vénitien Michiel, peu sujet de partialité, le plus éminent politique de son temps. (*Cf. Revue des Questions historiques,* avril 1881, p. 429.)

Après ces trois témoignages, il serait superflu de citer Brantôme (*Vies des grands Capitaines*), Valincourt (*Vie du duc de Guise*), Masson (*Vita Francisci Guisi*), les vers de Dorat, de

Ronsard, de l'Hôpital lui-même; les Mémoires de Tavannes, les Commentaires de Montluc, et les éloges des étrangers, Allemands, Italiens, Espagnols. Ajoutons seulement que le pape Paul IV disait de lui qu'il était « un bienheureux martyr, le sauveur de la France », et le comparait aux Machabées. (V. *Mss. V. C. de Colbert*, v. 391, fol. 259.)

C'est ce grand caractère historique que l'on a cherché à reproduire dans ce drame.

FIN.

ÉMILE COLIN — IMPRIMERIE DE LAGNY

www.ingramcontent.com/pod-product-compliance
Lightning Source LLC
LaVergne TN
LVHW020409230826
846091LV00004B/1203
9782011911681